JN413139

진주의

HAPPY

키토 키친

진주의

HAPPY

해피

KETO

키토 키친

KITCHEN

북드림

시작하며

여보, 우리는 살찌는 체질인가 봐⋯

111년 만의 기록 갱신이라는 폭염이 징그럽게도 극성이었던 2018년의 여름부터 시작해 어제도 썼고 오늘도 쓰고 내일도 써야 하는, 끝이 나지 않을 것 같아 보이던 원고를 드디어 마무리했다니 믿어지지 않습니다.

사실 그보다 더 믿어지지 않고 희한한 것은, 17년간 요리 관련 일을 해온 제가 쓰는 첫 요리책이 살이 빠지고 건강해지는 요리법에 관한 책이라는 거예요. 왜냐하면 저는 '오늘 못 먹은 한 끼는 평생 못 먹는다.'고 생각할 만큼 태생적으로 먹는 걸 좋아하는 사람인지라 평생 마르거나 날씬한 적이 없었거든요. (아니, 제가 기억하는 한 표준 몸무게인 적도 없었군요!)

먹을거리라면 모든 것에 열광하던 제가 요리 관련 일을 하게 된 건 정말 우연이면서도 운명이 아닐까 생각하는데요. 어느 날 (대학 때 전공이나 첫 직장의 성격과 전혀 무관하게) 한 잡지의 푸드 스타일링을 해볼 기회가 주어졌고, 이를 계기로 요리 관련 일을 하게 되었지요. 그러다 보니 맛있는 음식이 있다면 멀리까지 가서 먹어보는 것은 당연하고 그걸 제 방식대로 만들어보는 일들이 당당한(?) 일상이 되었어요.

또 먹는 것에 대한 신조가 비슷한 남편을 만난 덕에 주말이면 점심 한 끼를 위해 대전까지 가기도 하고(저희 집은 경기도 분당이에요), 남편과 함께한 황금 같았던 미국 여행에서도 짧은 일정 중 하루를 몽땅 푸드 투어 프로그램에 참여하느라 다른 주로 날아갔다 오는 등 남편의 지지를 받으며 더욱 매진했답니다. 그러다 보니 남편을 만난 이후부터 결혼 생활 동안 둘의 몸무게는 비례 증가 그래프처럼 꾸준히 늘어만 갔어요.

늘어가는 몸무게와는 어울리지 않게 반전이었던 사실은 제가 먹을 것 못지않게 건강식에 대한 관심도 무지 많아서 아무거나 막 먹는 사람이 아니었다는 거죠. 먹을거리에 관한 한 꽤 깐깐하게 따지는 저는 평생 배워온 건강식 가이드에 맞춰 늘 성분표를 확인하며 칼로리와 지방량이 적은 식품을 고르고 조리하는 저지방 식단을 따랐고, 끼니때마다 통곡물을 듬뿍 챙겨 먹었어요. (통곡물은 살도 안 찌고 몸에 좋은 거'였으'니까요!)

닭고기를 사면 껍질이랑 지방은 기겁을 하며 떼어낸 후 조리하고, 소갈비 역시 가위를 들고 고기를 후벼 파가며 지방은 몽땅 제거했어요.(혼신의 집중을 기울여 떼어낸 지방이 쌓여 있는 모습을 보면서 느끼는 그 희열감이란!)

또 정보에 깨어 있는 현대인답게 일반 우유 대신 저지방 우유를. 가끔 내 몸의 소중함이 더 절실해질 때면 무지방 우유를 사 마시곤 했어요.

100% 현미밥을 해 먹었고 파스타를 만들 땐 해외에서 직접 주문한 통밀 파스타를 사용했으며 어느 식단에서나 공공의 적인 설탕 대신 GI 지수가 낮고 미네랄이 많은 아가베 시럽을 아낌없이 사용했지요.

저지방 우유에 아가베 시럽을 듬뿍 넣어 만든 달달한 라테 한 잔을 마시는 어느 오후엔 건강한 먹을거리를 챙겨 먹는 스스로에게 내심 뿌듯해하기도⋯.

그런데 풀리지 않는 의문이 있었으니 '칼로리가 적은 건강한 먹을거리를 신경 써 골라 먹는데도 왜 남편과 나의 체중은 계속 비례 증가 그래프를 그리는가.'였어요. 의문을 풀 뾰족한 방법이 없으니 이에 대한 결론은 항상 같았죠.

'우린 둘 다 살이 잘 찌는 체질인 게 분명해!'

키토제닉 다이어트를 만나다!

그러던 중 2016년 가을에 방송된 MBC 다큐멘터리 〈지방의 누명〉을 보고 큰 충격을 받았어요. 나와 남편이 왜 계속 살이 쪘는지에 대한 해답의 실마리를 찾은 듯했거든요.

그동안 (환장하게 맛있지만) 찜찜한 마음으로 먹었던 마블링 좋은 고기와 버터 등 동물성 포화 지방을 맘 놓고 먹어도 될 뿐만 아니라 심지어 살이 빠지고 건강해진다니 제가 지금껏 알고 있던 건강식에 대한 상식과는 완전 상반되는 내용이었죠.

하지만 그 다큐멘터리를 본 것만으로 당장 먹을거리를 바꾸기엔 저는 의심이 많은 사람이었고, '좋다고 하니 일단 한번 해보자.' 하기에는 평생 배우고 익혀온 건강식에 대한 믿음은 너무나 확고했지요. 내 몸은 소중하니까요!

그래도 '일단 말은 되는 것 같으니 공부나 한번 해볼까.' 하는 생각에 자료를 찾아보았고, 키토제닉(저탄고지; 저탄수화물 고지방) 식단을 알리려고 애쓰는 기능의학 의사 선생님들이 계시다는 걸 알게 되었어요. 그 선생님들이 링크한 칼럼과 논문들을 읽고, 해외의 관련 사이트들을 찾아보면서 그동안 저칼로리 저지방 식단을 신경 써서 해왔음에도 왜 살이 찌기만 했는지 그 의문을 해소할 수 있었습니다.

공부를 하면 할수록 기존의 상식과 상반되어 보이는 키토제닉 식단이 왜 건강식인지 이해하게 되고, 앞뒤가 맞게 퍼즐이 맞춰지다 보니 '나도 키토제닉 식단을 해야겠다.'는 생각이 더 확고해졌어요. 그렇게 보낸 2주간은 물리적으로는 짧은 시간이지만 스스로를 납득시키기기엔 충분했고, '키토제닉 식단은 하면 좋은 식단이 아니라 건강을 위해서 꼭 해야만 하는 식단'이라는 확신이 섰어요.

그리고 그와 함께 든 생각은 '일단 이 식단을 시작하면 내 의지로 그만 둘 일을 없겠구나.' 동시에 스친 또 다른 생각은 '그렇다면 내 일은? 앞으로 내 일은 하지 못하는구나!'였어요.

파티 메뉴를 개발하고 그 요리들을 소개하는 게 제 일의 주된 부분이었는데 이제는 피해야 할 양념과 식재료가 생겼으니 더 이상 새로운 메뉴(일반식)를 만들기 어려워진 거죠. 이미 개발해 놓은 레시피들 역시 내가 먹지도 않으면서 '이렇게 만들면 맛있어요.'라고 소개할 수도 없는 노릇이고요. 하지만 그럼에도 불구하고 키토제닉 식단은 남편과 나의 건강을 위해서 충분히 할 만한 가치가 있다고 생각했습니다.

앞으로 먹지 않을 (조금 과장해서 웬만한 이삿짐 분량의!) 식재료들을 주변에 나눠주거나 버리고는 식단 시작 하루 전날 남편과 저는 앞으로 절대 먹지 않을 메뉴를 선정해 마지막 일반식 만찬을 먹었어요. 둘이서 고민을 거듭한 끝에 고른 메뉴는 탕수육, 잡채밥, 짜장면. 남편은 생맥주도 한잔했지요.

키토제닉 다이어트로 부부 합산 45kg 감량! 콜레스테롤 약을 끊다!

그렇게 키토제닉 식단을 시작하고 694일째 되는 날을 기준으로 남편은 22kg, 저는 23kg의 체중을 감량했어요. 남편은 매해 건강검진 때마다 받던 '당뇨 전 단계'라는 경고를 더 이상 듣지 않게 되었을 뿐 아니라, 〈고도 비만과 고지혈증 치료를 위한 식단과 운동 가이드〉란 소책자를 더이상 받지 않아도 되었죠.(이런 책자가 있는지 모르셨죠? 초고도 비만이면 이런 책자도 보내주는 우리나라는 좋은 나라입니다.)

남편은 콜레스테롤 약을 꽤 오래 복용해오고 있었는데 키토제닉 식단을 시작하고 고작 '한 달' 만에 콜레스테롤과 중성 지방 수치가 거짓말처럼 정상으로 떨어졌어요. 그 이후 콜레스테롤과 중성 지방 수치는 2년 가까이 정상으로 유지되었고 이제는 콜레스테롤 약이 필요 없게 되었죠. 제 경우는 경계치에 있던 염증 수치가 내려갔어요. 저는 의심이 많은 사람이라 키토제닉 식단 이후 꾸준히 혈액 검사를 하며 변화를 확인하고 있어요.

실은 이 식단을 통해 건강 상태가 얼마나 긍정적으로 변할지 무척 궁금하기도 했고요.

키토제닉 식단은 한때 유행처럼 확 번졌다가 그저 '삼겹살 먹으면 살이 빠진대'로 접근한 많은 분들에게 '느끼한 거 먹다 지쳐 결국은 안 먹어 살 빠지는 식단'이라는 억울한 누명을 쓰기도 했죠. 진지한 고민 끝에 건강을 위해 키토제닉 식단을 시작했음에도 불구하고 뭘 어떻게 해야 할지 몰라서, 특히 먹을거리의 제한 때문에 힘들어하는 분들도 많이 봤어요.

키토제닉 레시피로 소통하다!

평생 익숙해진 식단을 하루아침에 바꾼다는 게 쉽지 않은 일이고 일상이 바쁘고 요리에 별 관심이 없다면 더욱 어렵죠. 식사라는 건 매일 반복되는 일상이라 한두 번 신경 써서 해 먹는다고 해결되는 것도 아니고요.

다행히 새로운 식단으로 매끼를 해 먹는다는 게 제게는 너무 재밌고 즐거운 일이었고 제 즐거움과 아이디어를 나눠 드리고 싶다는 생각으로 매주 식단 일지를 써서 키토제닉 관련 카페에 올리기 시작했죠.

키토제닉 식단이 무엇인지, 우리 몸에 어떻게 작용하고, 그게 왜 건강식인지에 대한 해답을 얻기까지 저 또한 아무런 대가 없이 정보를 나눠주신 여러 선생님의 도움을 받았기에 식단 때문에 힘들어하는 분들께 조금이나마 보탬이 되어 그 감사함을 전하고 싶었습니다. 또 좀 더 많은 사람들이 키토제닉 식단을 접하면 좋겠다는 생각에 블로그와 인스타그램으로 제 식단을 소개했고 그 과정에서 많은 분들과 소통하게 되었어요.

'키토제닉 식단이 너무 힘들어 거의 굶다시피 했는데 볼로네제 소스 덕분에 살아났다.' '평생 요리라는 걸 안 해보고 살았는데 레시피대로 프리타타를 만들었더니 정말 맛있더라.' '콜리플라워 크러스트로 피자를 만들어 먹고 할렐루야를 외쳤다.' '삼겹살만 먹다가 지쳐서 포기할 참이었는데 이렇게 다양하게 먹을 수 있다면 평생도 하겠다.' 등의 리뷰와 칭찬은 정말 제게 힘이 되었어요. 너무 보람 되고 감사한 일이죠.

저도 이 식단을 시작한 지 고작 2년밖에 안 된, 어찌 보면 신출내기 키토인이라 계속 공부를 하며 실천하고 있지만 지금까지 큰 어려움 없이 식단을 지속할 수 있었고 이를 통해 경험한 많은 긍정적인 효과는 식단을 계속 할 수 있는 원동력이 되었지요. 또 뭘 맛있게 먹을 것인가를 고민하는 데 본능적이고 직업적으로 특화된 사람인 덕에 키토제닉에 알맞는 요리를 직접 만들어 먹을 수 있었다는 것 역시 큰 힘이 되었죠.

많은 분들이 호응해주신 덕에 감사하게도 694일간 직접 만들고 경험한 키토제닉 레시피를 묶어 한 권의 책으로 선보이게 되었습니다.

매일 반복되는 식사라는 행위가 즐거우면 평생 누릴 그 즐거움의 크기는 얼마나 크겠어요. 제 레시피들이 조금이나마 여러분의 키토제닉 다이어트에 즐거움을 줄 수 있다면 정말 기쁘겠습니다.

서로 힘이 되어주고 자신이 아는 정보를 아낌없이 나누는 많은 키토인 여러분, 키토제닉 식단에 입문하고 공부할 수 있도록 식단 초반에 가장 큰 도움을 준 〈LCHF 라이프스타일 카페〉, 그 카페를 만들고 정보 공유를 지속해주시는 이영안과 이영훈 원장님, 건강한 저탄고지 식단을 알리는 데 앞장서는 여러 선생님과 (주)건세바이오텍 정명일 박사님, 팟캐스트 〈저자세〉의 메이 님, 늘 덕담과 격려를 아끼지 않으시는 사랑의 의원 송재현 원장님, 관련된 일을 시작할 수 있도록 조언과 응원, 좋은 에너지를 나눠주시는 레이첼 윤 총장님(Musicians Institute in Hollywood, CA.), 나와 남편의 변화에 진심으로 축하해주고 좋아해주는 김소영 영양사를 비롯한 여러 친구들, 마음만 키토제닉 식단을 함께 하고 있는 미국에 있는 동생 가족, 늘 걱정이 앞서지만 박수도 아끼시지 않는 양가 부모님, 그리고 새로운 레시피를 만들 때마다 기꺼이 첫 시식자가 되어준(뭐든 맛있게 먹는 사람이라 냉정한 평가에 큰 도움은 안 되지만) 든든한 지원자이자 함께 식단을 하는 동지인 남편에게 큰 감사를 전합니다.

'맘껏 즐기세요, 맛있는 식단도,
그 놀라운 효과도!'

지은이 진주

블로그 blog.naver.com/joosf
인스타그램 instagram.com/js.treat
유튜브 해피키토테레비

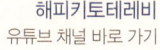
해피키토테레비
유튜브 채널 바로 가기

| 일러두기 |

- 이 책에서 소개하는 레시피의 영양 성분은 식재료의 상태나 가공 정도에 따라 차이가 있으니 참고 정도의 정보로만 생각해주세요. (레시피의 영양 성분은 팻시크릿과 구글 검색을 바탕으로 계산하였습니다.)
- 영양 성분표상의 표기에서 '탄수'는 탄수화물, '식이'는 식이섬유를 말합니다.
- 순탄수화물(당질)은 탄수화물에서 식이섬유를 뺀 것을 말합니다. 따라서 탄수화물 함량이 높더라도 식이섬유 함량이 높다면 순탄수화물의 함량은 낮아진다는 것을 알아두세요.
- 에리스리톨은 칼로리가 없고 혈당 지수가 0에 가깝기 때문에 각 요리의 영양 성분 표시에는 에리스리톨의 당알코올양을 포함시키지 않았습니다.
- 레시피 중 🥄 표시가 있는 것은 냉동 보관이 가능하다는 것을 의미합니다.
- 간혹 언급되는 제품은 필자의 경험상 맛과 품질이 좋았다고 판단되는 것이지 절대적인 것은 아닙니다. 비슷한 식재료로 대체해도 무방합니다.
- 모든 재료의 계량 정보는 계량 스푼을 사용하였으며 편의에 따라 1밥숟가락 등으로 표시하기도 했습니다. 이 경우 1밥숟가락은 7ml 정도로 1/2큰술에서 살짝 모자라는 양이라고 생각하면 됩니다.

차례

Chapter 1
달걀과 닭고기

Chapter 2
소고기와 돼지고기

Chapter 3

국, 수프, 해산물

차례

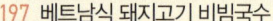

키토제닉 다이어트, 이것만 알고 가자!

키토제닉 다이어트, 저탄고지, 키토식?

'건강을 위해서 탄수화물 섭취를 줄여야 한다.'는 얘기는 이제 상식이 되었어요. 하지만 탄수화물을 어느 정도 줄여야 하는지, 줄인 탄수화물만큼의 영양분은 무엇으로 대체해야 하는지에 대해선 의견들이 분분하지요.

우선 키토제닉 다이어트(ketogenic diet)의 정의를 살펴보자면 탄수화물을 제한하고 좋은 천연 지방을 충분히 섭취해 우리 몸이 탄수화물 대신 지방을 주 에너지원으로 사용하도록 만들어 주는 식이요법을 말합니다(키토제닉 다이어트를 줄여 키토식이라고도 하고 저탄고지(LCHF-저탄수화물 고지방 다이어트)라고 부르기도 하는데 모두 같은 뜻입니다).

탄수화물 대신 지방을 주된 에너지원으로 원활히 사용하는 상태를 키토시스(ketosis) 상태라고 하며 키토시스 상태에서는 섭취하는 지방은 모두 에너지로 쓰거나 배출하고 모자라면 몸에 쌓인 체지방을 태워 보충하기 때문에 별다른 노력을 하지 않아도 자연스레 체지방이 줄어들게 됩니다.

그렇다면 탄수화물을 얼마나 제한해야 할까요? 심각한 질병 치료가 목적인 경우 하루 총 탄수화물 섭취량을 20g(탄수화물 식품 무게가 아닌 영양소 무게이며 탄수화물 양에서 식이섬유 양을 뺀 순탄수화물의 양) 이하로 제한하기도 하는데, 저희는 그

---

*순탄수화물 양(순탄수량) = 총 탄수화물 양 – 식이섬유 양

엄격한 키토제닉 다이어트: 순탄수량 20g 이하

심각한 대사 질환, 암 등 질병 치료를 위한 경우

완화된 키토제닉 다이어트: 순탄수량 50g 이하

효과적인 체중 감량과 대사성 증후군 완화를 위한 경우

저탄수화물 다이어트: 순탄수량 100g 미만

건강상 이상은 없지만 탄수화물을 줄여 좀 더 건강한 삶을 살기 위한 경우

렇게까지 제한할 필요는 없다고 판단해 저는 하루 40g 미만으로 탄수화물을 섭취했고 저에 비해 비교적 활동량이 많은 남편은 50~60g 정도를 섭취했어요.

탄수화물 제한량은 개인별 건강 상태나 목적하는 바에 따라 달라지는 것이니 식단을 시작하기 전 충분히 학습하고 본인에게 맞는 단계를 정하는 것이 우선이겠지요. 또 키토제닉 다이어트는 단순히 단기간에 살을 빼기 위한 식이요법이 아니라 건강을 위한 평생 식단이므로 개인의 취향과 식성을 고려해 힘들지 않게 꾸준히 할 수 있는 단계를 선택하는 것이 매우 중요합니다.

위의 분류는 제 개인적인 경험과 학습을 바탕으로 간략화한 것이니 스스로 충분히 학습한 후 본인에게 맞는 단계와 방법을 찾도록 하세요. 건강 정보가 홍수처럼 넘쳐나는 요즘, 특히 여전히 갑론을박이 있는 키토제닉 다이어트는 본인이 개념을 확실히 이해하고 있어야 이런저런 이야기에 흔들리지 않고 계속해나갈 수 있기에 사전 학습은 매우 중요합니다. 인터넷에서 쉽게 접할 수 있는 여러 개인 경험담을 보고 짜깁기하듯 이

해하기보다는 제대로 된 내용의 책을 한두 권 정독하는 방법을 추천해요. (개인 경험담은 아무래도 자극적인 내용일수록 솔깃하고 기억에 남기 마련이거든요.)

'그렇다면 탄수화물 섭취와 지방 섭취를 같이 줄이면 체지방을 더 많이 태우겠군!' 하는 생각에 지방 섭취량까지 줄이는 식단을 계획하는 분들이 있는데, 이것은 키토제닉 다이어트가 아니라 저칼로리 다이어트입니다. 이런 식으로 식단을 진행해설사 일시적으로 체중이 감량된다 하더라도 그건 키토제닉 다이어트의 효과가 아니라 '초절식'으로 인한 기아 상태의 결과일 뿐이고, 그 이후에는 늘 요요라는 후폭풍이 따르게 됩니다.

우리 몸은 기아 상태를 경험하게 되면 섭취되는 영양분을 필사적으로 저장하려는 상태로 바뀝니다. 이것이 요요의 원리죠. 하지만 키토제닉 다이어트는 탄수화물을 제한하는 대신 지방을 충분히 섭취하므로 사실상 더 많은 칼로리를 섭취하게 되므로 기아 상태를 경험할 수 없습니다. 그러니 요요의 원리가 적용될 리 없죠.

'당분을 끊었다가 다시 먹으니 빠졌던 살이 도로 확 찌던데?'라고 반문하는 분들이 있는데 그건 요요라기보다는 당연한 결과입니다. 알코올 중독자가 '술을 끊으니 몸이 좋아졌지만 술을 마시니 다시 몸이 안 좋아지던데?'라고 묻는 것과 다를 바

없으니까요. 에너지원(좋은 지방이겠죠)을 충분히 섭취해 몸이 에너지 넘치는 상태가 되어야 대사도 원활하게 돌아가고 키토제닉 다이어트의 효과도 누릴 수 있다는 점을 꼭 명심해야 합니다.

탄수화물을 대신해 주 에너지원으로 쓰일 하루 지방 섭취량은 개인의 건강 상태나 활동량, 소화 능력에 따라 달라져요. 참고로 저는 하루 100~150g, 남편은 150g 내외로 섭취를 하고 있어요. 얼마만큼의 지방을 섭취했을 때 컨디션이 좋고 체중 감량이나 건강상 긍정적인 변화가 있는지, 소화하기에도 무리가 없는지는 본인이 알아내야 하는 부분이에요. 하지만 지방이라고 아무 지방이나 먹어서 되는 건 아니고 염증 반응을 일으키지 않고 좋은 에너지원으로 효과적으로 쓰일 천연 지방(동물성 포화 지방 포함)을 말하는 것이니 식단과 식재료 학습은 필수라고 할 수 있어요.

키토제닉 다이어트를 처음 접한 분이라면 머릿속에 여전히 남아 있을 염려 한 가지, '동물성 포화 지방을 많이 먹으면 혈관이 막혀 동맥경화를 유발한다.'는 논리는 키토제닉 다이어트를 제대로 이해한 후에는 전설의 고향 속 이야기쯤으로 여겨질 테니 염려하지 마세요.

무얼 먹고 무얼 피해야 할까요?

키토식은 탄수화물을 줄이고 좋은 지방을 충분히 섭취하는 식이요법이다 보니 섭취하는 총 칼로리 양이 늘어나는 건 어찌 보면 당연해요(단백질과 탄수화물은 각 1g당 4칼로리, 지방은 1g당 9칼로리의 열량을 가지기 때문이에요). 예전보다 더 많은 칼로리를 섭취하는데 체중은 오히려 감량되고 건강상의 이점까지 누릴 수 있다니 기존의 상식과는 많이 다르지요.

우리가 음식으로 섭취하는 지방이 곧 체지방이 되는 게 아니라 필요 이상으로 섭취한 탄수화물이 인슐린의 작용에 의해 체지방으로 전환된다는 것만 확실히 이해하면 이상할 것도 없는 이야기이지만요.

체지방이 쌓이는 원리: 과잉 섭취 탄수화물이 체지방이 된다!

5. 살이 찐다

1. 탄수화물을 많이 먹는다

4. 혈액 중 불필요한 포도당을 체지방으로 축적한다

2. 혈액내 포도당이 증가하여 혈당이 상승한다

3. 인슐린이 다량 분비된다

키토제닉 다이어트의 장점이자 중요한 또 한 가지는 체중 감량을 위해서 일부러 굶거나 절식을 할 필요가 전혀 없다는 거예요. 오히려 식사량이나 칼로리를 의식적으로 줄이면 그것이 스트레스가 되어 역효과가 날 수 있으니 배가 고플 땐 충분히 배가 부르도록 식사를 하라고 강조하는 식단이에요.

행복한 포만감이 들 정도로 충분히 먹되 음식의 질과 종류가 무엇인지가 중요하겠죠. 양질의 충분한 양의 지방과 적당량의 단백질 그리고 소량의 탄수화물(채소 중심)이 되어야 하는데, 그러한 식사를 하기 위해서는 피해야 할 식재료와 맘껏 섭취해도 될 식재료에 대한 충분한 이해가 필요합니다.

	권장하는 식품	주의점
채소	시금치, 무청, 근대, 쑥갓, 콜리플라워 등의 잎채소	조절영양소 섭취를 위해 가능한 다양하게. 뿌리채소의 경우 탄수화물 양에 주의하며 소량 섭취. 단, 감자는 주성분이 전분질이므로 피한다.
	가지, 오이, 호박, 토마토 등 열매채소 및 버섯류	
단백질	쇠고기, 양고기, 돼지고기, 닭고기, 오리고기 등의 고기 중 가급적이면 지방이 많은 부위	가능하다면 곡물을 먹여 키운 고기보다는 풀을 먹여 키운 고기를 선택한다.
	장어, 고등어, 청어, 정어리, 고등어, 갈치, 연어 등 생선	
	된장, 청국장, 낫토 등 발효된 콩 제품	
	달걀	가능하다면 무항생제, 방목을 하여 키운 닭이 낳은 달걀 선택한다.
지방	버터나 라드 등 천연 동물성 지방	
	엑스트라 버진 올리브 오일, 코코넛 오일, 아보카도 오일, 생들기름	
유제품	생크림, 사워크림, 요거트, 천연 치즈	탄수화물 양에 주의하며 섭취한다.
	우유	식단 초반에는 금지. 식단이 안정화된 후에는 탄수화물 양이나 몸의 변화에 주의하며 섭취한다.
과일	아보카도, 레몬, 라임, 올리브	
	라즈베리와 딸기 등 베리류	탄수화물 양에 주의하며 소량 섭취한다.
기타	견과류	탄수화물 양에 주의하며 섭취한다. 땅콩(땅콩은 견과류가 아닌 콩류 식품)과 캐슈넛은 탄수화물 양이 많으므로 금지.
	충분히 발효된 김치	탄수화물 양이 많은 깍두기나 겉절이는 금지.
	초콜릿(카카오 함량 90% 이상)이나 카카오닙스, 코코아 가루	탄수화물 양에 주의하며 섭취한다.
	미역, 톳, 김 등 해조류	
	커피나 우려낸 차	

좋은 지방의 섭취 비율을 높이는 것보다
'탄수화물 섭취를 제한하는 것'이 더 우선입니다.
탄수화물을 제한해야 우리 몸은 지방을 에너지원으로 쓰니까요.

GOOD

| 권장 식품 |

양질의 지방과 단백질이 풍부한 육류, 생선, 버터.
탄수화물 함유량이 적은 녹색 채소, 버섯 등
(왼쪽 표 참고)

| 피해야 할 식품 |

전분 함량이 많은 곡식류나 단맛이 나는 식재료, 식물성 오일, 저
지방 및 무지방 제품은 피하는 것이 좋아요. 피해야 할 식품이 많
다고 너무 걱정하지 마세요. 다음 쪽에 나오는 대체 식품표를 참
고하면 충분히 맛있게 먹을 수 있답니다!

- 설탕, 꿀, 조청, 물엿, 매실액, 올리고당, 아가베 시럽, 메이플 시
  럽 등 단맛 시럽과 양념
- 곡류나 곡식 가루, 그것으로 만든 것들: 밥, 빵, 떡, 면, 과자, 피
  자, 파스타, 시리얼 등
- 감자, 옥수수 등 전분질이 많은 채소류: 고구마는 소량 허용
- 단맛이 있는 과일, 과일 주스, 말린 과일, 통조림 과일
- 단맛이 있는 시판 음료: 인공 감미료가 함유된 무설탕 음료의
  경우 인공 감미료의 종류에 따라 인슐린을 자극하는 것도 있
  으므로 주의
- 시판 양념류: 시판 고추장, 시판 쌈장, 시판 드레싱, 케첩 등
- 식용유라고 불리는 모든 식물성 오일: 식물성 오일은 다가 불
  포화 지방 함량이 높아 쉽게 산화되어 염증 수치를 높이므로
  금지(올리브 오일, 아보카도 오일, 코코넛 오일 등은 제외)

- 마가린, 식물성 쇼트닝 등 식물성 오일을 경화시켜 만든 제품
- 식물성 오일로 만들거나 그런 오일이 섞인 버터 제품
- 식물성 휘핑크림, 식물성 생크림
- 저지방 치즈, 저지방 요거트 등 저지방 제품: 지방을 줄인 대신
  부족한 맛을 채우기 위해 추가 당분이 첨가됨
- 콩, 콩으로 만든 두유나 두부 등 발효되지 않은 콩 식품: 콩은
  단백질 식품이라는 기존의 상식과 달리 탄수화물 식품이므로
  금지(꼭 필요하다면 NON-GMO/유기농 콩으로 만든 제품으로
  가끔 섭취), 발효된 콩 식품은 섭취 가능
- 맥주, 막걸리, 희석식 소주 등 술: 증류주와 단맛이 없는 와인
  은 소량 허용

피해야 할 식품	대체 식품	대체하는 이유/주의점
설탕	에리스리톨, 스테비아 등 순 탄수화물이 거의 없고 인슐린 자극이 없는 '천연' 감미료	단맛에 대한 욕구를 줄이는 게 우선이니 식단 초반부터 천연 감미료를 사용해 단맛을 즐기기보다는 식단을 안정적으로 유지할 수 있게 된 후부터 사용하기를 권장. 다량 섭취 시 복통이나 설사를 일으킬 수 있으니 주의한다.
굴소스, 시판 고추장, 시판 쌈장 등의 양념	리퀴드 아미노스, 액젓, 국간장, 된장, 책에 소개된 키토 쌈장	시판 양념류에는 당이나 전분, 첨가물이 많이 함유되었으므로 금지.
식물성 오일 (식용유)	라드, 기버터, 버터, 코코넛 오일, 아보카도 오일	흔히 식용유로 사용하는 식물성 오일은 다가불포화 지방의 비율이 높아 열에 의해 쉽게 산화되므로 열을 가하는 조리 시에는 열에 안정적인 포화 지방이나 쉽게 산화되지 않는 아보카도 오일을 사용한다.
시판 드레싱	올리브 오일과 식초, 책에 소개된 드레싱	시판 드레싱에는 맛을 위해 당분이 첨가된 것이 많고 원가 절감을 위해 식물성 오일(식용유)을 사용한 것이 많으므로 주의한다.
밥	콜리플라워 라이스나 양배추 볶음, 아보카도	볶음밥이나 덮밥 종류는 밥 대용으로 콜리플라워 라이스나 양배추 볶음이 어울리고, 비빔밥에는 잘게 자른 아보카도가 어울린다.
국수, 파스타	주키니 국수, 곤약 국수, 미역 국수	탄수화물을 획기적으로 낮추면서 밀의 섭취까지 피할 수 있는 훌륭한 대체품으로 좋다.
밀가루, 전분	아몬드 가루, 코코넛 가루, 달걀	밀가루와 전분이 만들어내는 바삭한 식감은 만들어낼 수 없으나 키토식 빵이나 케이크 등은 아몬드 가루나 코코넛 가루를 사용해 만들 수 있다. 가루류를 이용한 부침개 종류는 달걀을 사용해 만들 수 있으나 바삭한 식감까지 살리긴 어렵다.
과일, 간식	소량의 라즈베리나 딸기 혹은 치즈, 견과류, 90% 이상 초콜릿	식단 초반에는 과일에 대한 욕구를 물리치기가 힘들지만 단맛에 대한 욕구가 사라지는 입맛이 되면 욕구가 자연히 줄어든다. 꼭 먹고 싶을 때 한두 쪽 즐기는 정도는 괜찮으니 스트레스 받기보다는 '단맛에 대한 욕구를 없애는 훈련 후 소량씩 먹을 수 있다'고 생각하자.
오후에 찾는 단맛 간식	치즈, 견과류, 카카오 90% 이상 초콜릿, 책에 소개된 키토식 케이크나 디저트	인슐린 저항성이 개선되고 탄수화물 섭취로 인해 널뛰던 혈당이 안정화되면 오후에 찾게 되던 단맛 간식은 자연스럽게 찾지 않게 된다. 일정 기간 단맛에 대한 욕구를 없애는 훈련 후에는 맛있는 키토식 케이크나 디저트를 즐길 수 있으므로 실망은 금물.
금요일 밤의 맥주 한 캔	단맛 없는 와인이나 따뜻한 차	맥주는 액체로 된 빵이나 다름없으므로 절대 금지. 단맛 없는 와인 한 잔이나 카페인 없는 따뜻한 차 한 잔은 숙면에 도움이 된다.

- 인공 감미료와 무설탕 제품은 탄수화물 함량은 낮지만 섭취를 계속하다 보면 당류를 끊기 어려워지거나 건강상의 다른 문제를 일으킬 수 있으니 주의해야 합니다.
- 이 책의 모든 레시피는 탄수화물 섭취를 낮추는 구성으로 되어 있어 레시피 그대로 요리해 먹는다면 저탄수화물 식이요법을 쉽게 실천할 수 있습니다.
- 가공식품을 구입할 때도 식품 성분표를 참고하여 탄수화물의 양을 늘 확인하는 것이 중요합니다.

| 키토제닉 라이프에 도움이 되는 친구들 |

키토제닉 식단을 시작하면 궁금한 것이 무척 많아요. 이럴 때 이 친구들을 적극 활용하세요. 엄청난 정보와 경험담은 식단을 진행하고 관리하는 데 큰 힘이 된답니다. 물론 여러분의 경험과 노하우를 공유하는 것도 잊지 마세요!

네이버 카페 〈저탄고지(LCHF) 라이프스타일〉

제가 키토제닉 식단에 입문할 수 있도록 끌어준 고마운 커뮤니티예요. 특히 이영훈 선생님을 비롯한 여러 전문가 선생님의 칼럼과 조언이 큰 도움이 됐어요. cafe.naver.com/lchfkorea

네이버 카페 〈키토제닉 다이어트〉

국내 최대의 키토제닉 관련 커뮤니티입니다. 회원 수가 많은 만큼 키토제닉 관련 정보는 물론이고 다양한 경험담과 다이어트 노하우를 볼 수 있어요. 풍성한 공동 구매도 이 카페의 빠질 수 없는 매력이죠. cafe.naver.com/ketogenic

팟캐스트 〈저자세〉

국내 최초의 키토제닉 전문 팟캐스트로 저탄고지 관련 정보를 쉽게 해설해줘요. 전문가 패널의 고급 정보는 저탄고지 지식을 한 단계 업그레이드해주죠. lchfpodcast.co.kr

팟캐스트 〈지방시〉

대사질환, 비만, 당뇨 관련 신약 연구를 하는 제약 회사의 연구원들이 만든 팟캐스트로 저탄고지 식재료 리뷰와 과학적인 이론을 풀어줍니다. 팟빵(podbbang.com)에서 '지방시' 검색

유튜브의 키토제닉 다이어트 전문 방송

키토제닉 다이어트 입문자를 위한 기본 정보부터 전문적인 지식까지 동영상으로 쉽게 배울 수 있어요. 유튜브에서 채널명을 검색하세요!

누가바TV

키토제닉로우TV

for the 97

앱 〈FatSecret의 칼로리 카운터〉

궁금한 식재료의 영양 성분을 알아보기에도 편하고 하루치 먹은 것을 기록하면 총 섭취량과 그 내용을 바로 확인할 수 있어서 많은 도움이 되었어요. 키토식을 시작하고 1년 정도는 매끼 식사 때마다 전자저울과 〈FatSecret 칼로리 카운터〉 앱을 이용해서 영양 성분을 계산하고 기록했는데, 그때 기록하며 몸으로 익혔던 것들이 이후에도 키토식을 진행하는 데 많은 도움이 되었어요. 자신에게 맞는 식재료의 종류나 허용 가능한 양을 알고 있으면 식사 준비를 하거나 메뉴를 선택할 때 큰 도움이 됩니다.

홈페이지(www.fatsecret.kr), 모바일 앱은 구글 플레이나 애플 앱스토어에서 다운로드 가능

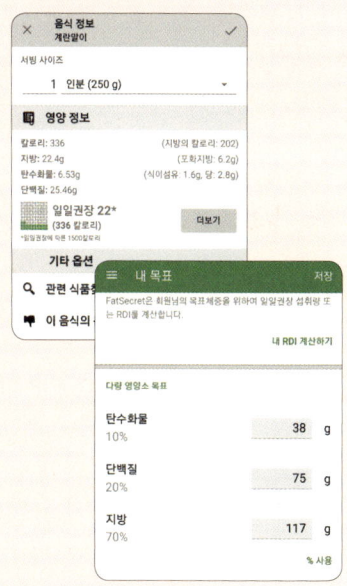

01 아보카도 고르기, 완벽한 상태로 오래 먹기

아보카도를 고를 때는 겉껍질이 함몰되거나 찍힌 부분이 없는지 확인하세요. 손으로 쥐어봐서 전체적으로 단단하고 꼭지가 있는 부위에 곰팡이가 피지 않았는지도 확인합니다.

구입한 아보카도는 종이봉투에 담아 실온에 두고 2~4일간은 매일 확인해야 해요. 색 변화를 보고 익었는지 판단하는 건 정확하지 않으니 손으로 쥐어봐서 전체적으로 살짝만 부드러워질(딱딱함이 없어진) 때까지 후숙시키면 됩니다. 이때 물렁함이 느껴지면 너무 익은 것이니 바로 먹어야 하거나 먹지 못하게 된 것일 수 있어요. 적당히 후숙이 된 아보카도는 하나씩 랩으로 포장해 냉장고에 두면 1~2주는 완벽한 상태로 먹을 수 있어요.

02 아보카도 얼리기

1~2주 안에 다 먹지 못할 정도 양의 익은 아보카도가 생겼다면 얼려두고 먹을 수도 있어요. 껍질을 벗기고 씨를 빼낸 후 넓은 트레이에 아보카도를 올려놓고 랩을 씌워 얼리세요. 아보카도가 얼면 진공 팩에 한 번 쓸 만큼씩 포장해(혹은 비닐봉지에 밀봉해) 냉동 보관합니다.

얼린 아보카도는 모양을 살려야 하는 요리에는 쓸 수가 없고 스무디나 과카몰리를 만들 수 있어요.

KETOGENIC DIET

재료 손질 노하우

03 대파 보관법

이 방법으로 보관하면 한 달 이상 싱싱한 대파를 먹을 수 있어요.

1. 길이가 긴 용기에 청소용 부직포 1장을 깔아주세요. (키친타월은 시간이 지나면 수분에 푹 젖어버리기 때문에 청소용 부직포가 좋아요.)

2. 대파는 씻지 말고 잔뿌리만 바짝 가위로 자른 후 용기 길이에 맞춰 자르세요.

3. 부직포 위에 대파를 일부 올리고 다른 부직포로 덮은 후 다시 대파-부직포-대파 순서로 담아요. (용기 위로 수북이 올라와도 뚜껑으로 꽉 누르면 됩니다.)

4. 이 대파 통을 김치냉장고 채소칸이나 냉장고에 두고 쓰면 돼요.

04　부추 보관법

부추는 금방 상하는 채소라 오래 두고 먹기가 쉽지 않죠. 일주일 혹은 그 이상까지 부추를 싱싱하게 보관하며 먹을 수 있는 방법을 알려드릴게요. 남편과 저 모두 부추를 좋아해서 자주 먹는 편인데 이런저런 방법으로 보관해보다가 정착한 방법이에요.

부추는 시들수록 손질하기 힘드니 사 온 당일에 무조건 손질해야 해요. 그리고 구입할 때부터 무조건 싱싱한 걸로! 상태가 시들하다면 아무리 저렴해도 절대 사지 마세요. 내 노동력이 더 소중하니까요~.

1. 부추를 묶인 상태에서 끄트머리를 조금 잘라내고 묶음을 풀어 깨끗이 씻으세요. 이때 시들거나 좀 비실한 것들은 골라내세요.

2. 원하는 길이로 잘라주는데, 잘 드는 칼을 사용하세요. 잘린 단면이 짓뭉개짐 없이 깨끗해야 빨리 무르지 않거든요.

3. 자른 부추를 샐러드 스피너에 돌려서 물기를 뺀 후 지퍼 백에 담는데 이파리 중간에 조금이라도 꺾이거나 상처 난 조각이 있으면 거기부터 짓무르기 시작하니까 담을 때 그런 것들을 최대한 골라내야 오래 싱싱하게 보관할 수 있어요.

4. 공기가 들어가게 해서 지퍼 백을 잠근 후 냉장 보관해요.

05　아스파라거스 보관법

조금씩 사서 바로 먹는 게 제일 신선하게 먹는 방법이겠지만 산지에서 가끔 주문할 경우에는 1kg씩 사게 되는데, 아스파라거스를 오래 두고 싱싱하게 먹는 법을 알려드릴게요. 세워둘 수 있는 긴 통에 청소용 부직포를 물에 흠뻑 적셔 깔아준 후 아스파라거스의 밑면이 닿도록 세워 꽂은 다음 물기가 마르지 않도록 일회용 비닐봉지를 씌워 냉장고에 보관하면 몇 주간 싱싱하게 먹을 수 있어요. 2~3일에 한 번씩 부직포가 충분히 젖은 상태를 유지하는지 확인해주세요.

레몬즙 보관법　06

시판되는 레몬즙은 아무래도 직접 짠 것보다 맛도 덜하고 어쩌다 한 병 사더라도 잘 안 쓰고 유통 기한을 넘겨서 버리기 십상입니다. 레몬이 저렴할 때 넉넉히 사서 직접 즙을 내어 냉동 보관하면 필요할 때 신선한 레몬즙을 쓸 수 있어요. 플라스틱 얼음틀에 넣어 얼려도 되지만 뚜껑이 없을 경우 밀폐가 되지 않아 안 좋은 냄새가 밸 수 있으니 비닐로 된 얼음틀을 이용하기를 권합니다.

1개씩 잘라 쓰면 되고 1개 용량은 1큰술 정도이므로 계량하기도 쉽답니다.

07 달걀 삶기, 껍질 벗기기

제가 신혼 때 어느 분이 CIA(The Culinary Institute of America)의 수업 내용에 나오는 방법이라고 알려주셨는데 그 이후 달걀은 늘 이 방법으로 삶고 있어요. 냉장고에서 바로 꺼낸 '차가운 달걀'을 사용하는 방법입니다. 소금, 식초를 넣을 필요도 없고 금이 가 있는 달걀이 아니고서는 절대 깨지지도 않아요.

1. 달걀 수는 상관없이 냄비 바닥에 한 층으로 달걀을 깐 후 찬물을 달걀 위로 1~2cm 정도 올라오게 붓고 '뚜껑을 연 채'로 센 불에 올려요.

2. 수면 위로 물이 보글보글 끓기 시작하면 '불을 끄고 뚜껑 덮어' 다음 시간을 참고해 원하는 만큼 놔둔 후 찬물에 식히면 됩니다.

- 완숙이지만 퍽퍽하지는 않은 정도 : 10분
- 노른자가 살짝 촉촉한 듯한 완숙 : 8분
- 노른자 약간 반숙 : 6분

저는 반숙 달걀을 좋아해서 보통 6분을 뒀다가 찬물에 식히는데, 반숙일수록 달걀 껍질을 까기가 힘들어요. 여러 방법을 시도해보고 찾은 제일 나은 방법은 달걀의 뾰족한 부분부터 까는 거예요. 달걀을 단단한 면에 두드려 전체적으로 금을 내준 후 달걀의 뾰족한 면부터 까기 시작합니다. 뭉툭한 면에 공기집이 있기 때문에 반대쪽 껍질을 제거하면 압력이 풀리면서 까기가 수월해지는 거 같아요. 이때 흐르는 물에 대고 껍질을 까면 좀 더 편해요.

생허브 냉동하기 08

생허브가 많이 남았다면 냉동 보관을 해보세요. 씻어서 샐러드 스피너에 돌려 물기를 뺀 후 지퍼백에 얇게 펴듯이 깔고 지퍼백을 돌돌 말아 공기를 최대한 뺀 후 밀봉하여 냉동시키면 됩니다. 사용할 땐 바삭하게 언 허브를 꺼내 바로 부수어서 요리에 넣어요. 얼었던 이파리라 색이 진하게 변하지만 향이나 맛은 그대로예요. 저는 바질 잎이나 방아 잎을 주로 이렇게 보관해두고 먹어요.

09 고추 냉동하기

고추를 많이 구입하면 보통은 잘라서 냉동 보관을 하는데, 자르지 말고 통째로 얼려보세요. 자른 단면이 마르거나 얼음이 생기지 않아 훨씬 좋은 상태로 보관할 수 있어요. 사용할 땐 찬물에 한 번 씩 헹궈 언 채로 자르면 사각사각 아주 잘 잘려요.

10 라드 보관법

시판하는 라드는 너무 대용량이라 선뜻 사기가 쉽지 않죠. 소분된 라드는 가격이 상대적으로 비싸고요.

저는 키토식을 시작한 첫해에 13kg 깡통 라드를 구입해 작은 유리병에 소분해두고 먹었는데 사자마자 깡통 내용물의 1/3을 여러 유리병에 소분했고, 소분한 라드를 다 먹을 무렵 1/3을 한 번 더 소분해서 먹었어요. 나중에 마지막 남은 1/3을 소분하려고 깡통을 여니 산패된 기름 냄새가 나서 버려야 했는데, 미리 유리병에 소분해 보관하던 것은 그때까지도 멀쩡했어요. 그 이후에는 13kg 깡통 라드를 사자마자 모두 유리병에 소분해놓고 먹고 있어요.

보관하는 동안 공기 접촉을 최소한으로 줄여야 오랫동안 두고 먹을 수 있어요. 작은 유리병에 소분한 라드는 햇빛이 들지 않는 다용도실 캐비닛 안에 보관해두고 하나씩 꺼내 먹는데 일단 병뚜껑을 열면 그때부터 아낌없이 사용해 빨리 먹으려고 합니다. 대용량 깡통 라드를 주문하기 전 작은 유리병부터 넉넉히 모아두세요. 이때 병은 작더라도 입구는 숟가락이 들어갈 수 있는 크기여야 사용하기 편해요.

캐닝법 (canning)

캐닝은 식품을 실온에서도 오래 두고 먹을 수 있도록 만드는 보관법이에요. 시판 소스를 사 먹지 않게 되면서 직접 만드는 소스들을 냉동 보관하곤 했는데 캐닝을 하면 실온 보관이 가능해서 아주 유용하게 이용하고 있어요. 몇 가지 도구와 캐닝용 병이 있으면 집에서도 어렵지 않게 할 수 있거든요.

1. 캐닝용 유리병에 소스를 가득 차지 않게 담아서 뚜껑을 닫아요. (제가 사용하는 것은 스테인리스 클립이 있는 병이라 클립까지 채워줘야 해요.)

2. 바닥이 넓은 냄비에 병을 넣는데 물이 끓을 때 병 바닥이 들썩이지 않게 냄비 바닥에 구멍 뚫린 찜기용 판이나 그물망 같은 걸 깔고 올려야 해요.

3. 유리병 위로 5cm 정도 물이 올라오게 붓고 불에 올려 끓이는데 이때 병 속의 내용물이 뜨거우면 뜨거운 물을 부어서, 차가우면 찬물을 부어서 시작합니다.

4. 토마토소스의 경우 물이 끓기 시작한 시점부터 40분 끓여줘요. (내용물에 따라서 끓이는 시간은 달라요.)

5. 끓인 병은 캐닝용 집게로 꺼내 온도 차가 갑자기 커지지 않도록 나무나 면포 위에 올려 식혀줍니다.

6. 식으면 클립을 다 제거하고 제대로 캐닝이 되었는지 하나씩 테스트를 해봐야 해요. 뚜껑을 잡고 들어봐서 뚜껑이 분리되지 않고 단단히 붙었으면 성공. 밀폐가 잘되었으면 그냥 힘으로는 뚜껑을 열 수가 없어요. 사용할 땐 고무 패킹의 볼록 튀어나온 혓바닥 같은 걸 주욱 잡아당기면 진공이 풀리면서 공기 들어가는 소리가 '푸시이~' 나고 뚜껑이 열립니다.

12 고기 소분법

고기 역시 조금씩 사서 바로바로 먹는 게 제일 좋겠지만 키토제닉 식단에서는 여러 종류의 고기를 상대적으로 많이 소비하게 되다 보니 그러기가 쉽지 않죠.
최대한 공기 접촉이 없어야 냉동실에서 변질되거나 건조되는 증상을 막을 수 있으므로 진공 팩이나 진공 포장기를 이용하여 보관하면 좋지만, 없을 경우의 대체법을 소개합니다. 일회용 비닐 봉지, 마스킹 테이프, 볼펜, 랩만 있으면 가능하답니다.

1. 한 번 사용할 만큼의 고기를 일회용 비닐 봉지에 담은 후 입구를 묶지 않고 공기를 최대한 빼주면서 비닐과 밀착시켜 접으세요.

2. 봉지째 랩 위에 올려놓고 랩을 탄탄히 잡아당기며 빈틈이 없도록 여러 번 감싸주는데, 탄력이 좋고 질긴 랩을 사용해야 잘돼요. (업소용 유니랩 상표를 추천해요. 써본 중 최고의 랩)

3. 랩을 마지막 한 바퀴 돌리기 전 마스킹 테이프에 내용물 이름을 적어 붙이고 랩으로 감싸야 냉동실에 보관할 때 테이프가 떨어지지 않아요.

도시락 싸기

도시락을 어떻게 준비하면 좋을까 고민하는 분이 많은 것 같아 특별할 건 없지만 제가 어떤 식으로 남편 도시락을 싸는지 알려드릴게요. 정리하고 보니 정말로 '특별할 것 없는 게' 제가 싸는 도시락의 포인트이기도 하네요.

도시락 스트레스에서 벗어나자

처음엔 남편 도시락으로 뭘 싸주나 고민을 많이 했는데(식으면 이상할 텐데, 기름이 굳을 텐데, 색이 변할 텐데 등등) 깔끔하게 고민을 접고 집에서 먹는 건 뭐든지 싸주자고 결정했어요. '뭐가 됐든 사 먹는 것보단 낫겠지!' 하는 생각에서요. 건더기가 많은 고깃국, 고기랑 채소 볶은 것, 기름기 많은 구운 고기와 채소, 생선 구이 등 정말로 뭐든지 싸주었어요.

그래서 남편 도시락을 싸기 위해서 따로 요리를 하기보다는 평소 제가 먹는 식사를 두 배로 만들어 남편 도시락을 미리 하나 싸놓고 있어요. 가끔 도시락 두 개를 한꺼번에 싸야 하거나 도시락에 넣을 만한 음식이 마땅히 없을 땐 미리 만들어 보관해둔 것들이 효자 노릇을 해요. 볼로네제 소스, 가지 치즈 라타투이, 아라비아타 소스, 냉동실에 얼려둔 치즈 미트볼이나 만두볼, 콜리플라워 피자 크러스트 등이 빛을 발한답니다.

(다행인 건 남편은 입맛이 까다롭지 않고 뭐든 잘 먹는 데다가 삶은 달걀은 언제 먹어도 맛있다는 사람이라 정말로 뭐가 없을 땐 삶은 달걀을 싸줄 때도 있어요. 좀 성의를 보인다면 껍질을 깐 달걀과 옆에 오이랑 치즈 정도를 같이 담아서.)

전자레인지에 사용 가능한 도시락 용기를 선택하자

기름기가 많은 키토식의 특성상 차갑게 먹으면 맛이 덜한 게 많아요. 그래서 전자레인지에 데워 먹을 걸 생각하고 도시락 용기를 선택해 쓰고 있어요. 옥소 트라이탄 제품을 주로 쓰는데 전자레인지에 사용해도 안전하다고 광고하는 재질이라도 기름기 있는 재료가 용기에 닿아 함께 데워지면 안 좋을 것 같아 종이 포일을 깔고 음식을 담아요. (종이 포일이라고 뭐 그리 좋겠나 싶기도 하지만.) 그 외에 국물 요리나 소스가 흥건한 요리를 쌀 땐 글라스락 제품을 이용합니다. 뚜껑만 열어 바로 전자레인지에 데울 수 있도록 랩을 한 번 씌운 다음 뚜껑을 덮어줍니다.

도시락을 쌀 때는 지방이 많은 키토제닉 식단 특성상 데워 먹을 수 있도록 전자레인지용 용기를 이용해요.

제가 싸는 남편 도시락 사진을 보고 양이 적어 보인다는 이야기를 종종 하시는데 사진상으로는 용기 크기가 작아 보이나 봐요. 주로 사용하는 옥소 트라이탄 제품은 정사각 모양의 1.43L 제품과 직사각 모양의 1.4L 용기예요. 국이나 수프류를 싸는 글라스락 제품은 930ml 용량이고요.

잎채소 양념은 따로

샐러드나 고기와 함께 먹을 부추무침 등 생 잎채소를 도시락으로 쌀 경우 채소가 양념에 닿으면 물이 나오고 숨이 죽기 때문에 양념이나 드레싱은 따로 싸는 게 좋아요. 다이소의 작은 원형 용기가 값도 싼 데다 딱 좋은 사이즈라 넉넉히 사두고 쓰고 있어요. 흠집이 나거나 음식으로 인해 물이 들면 부담 없이 버릴 수 있거든요.

드레싱이나 양념류는 따로 담아요.

조리 도구 일러두기

먹을거리에 관심이 많은 데다 요리 관련 일을 하다 보니 제게 조리 도구는 늘 재밌는 장난감이자 최고의 쇼핑 아이템이었어요. 더 핑계를 대자면 패션 아이템처럼 철 따라 유행 따라 바꿔야 하는 것들이 아니니 돈을 좀 주고 구입하더라도 오랫동안 쓸 수 있고, 일상에서 사용할 때마다 '그때 거기서 산 거네. 역시 잘 샀군.' 하는 작은 행복감을 주거든요. 이 소소한 행복감 덕에 미니멀 라이프 스타일이라는 것은 이번 생에 경험해보지 못할 것 같습니다.

계속 끊임없이 나오는 가제트 형사의 가방 속 물건들처럼, 저희 집 구석구석에 자리하고 있는 제 조리 도구 중 즐거운 키토식을 하는 데 도움이 될 만한 것들을 골라서 소개합니다.

계량컵

계량컵은 나라별로 용량이 다르므로 미리 확인을 한 뒤 사용해야 합니다. 제가 사용하고 있는 계량컵은 240ml입니다.

계량스푼

계량스푼은 많이 가지고 있을수록 편하다는 게 제 생각이에요. 특히 1/4작은술, 1/8작은술 등으로 세분화되어 있는 계량스푼을 갖추고 있으면 눈대중으로 맞추느라 신경 쓰지 않아도 되어서 편하거든요. 같은 용량의 스푼이 여러 개 있으면 스푼을 계속 닦아가며 계량을 하는 수고도 덜 수 있고요. 계량스푼은 세계 공통이며 1큰술은 15ml, 1작은술은 5ml 용량이에요.

전자저울

저탄고지 식단을 시작하고 나서 가장 자주 쓰는 도구 중 하나가 아마 전자저울일 거예요. 식단 첫날부터 무엇을 얼마만큼 먹어야 '저탄'이 되고 '고지'가 되는지 일일이 재보지 않으면 알 수가 없으니 전자저울은 절대적으로 필요한 존재였어요. 지금도 여전히 가장 손 닿기 쉬운 곳에 두고 매일, 매번 요리할 때마다 사용하고 있어요.

치즈 그레이터

덩어리 치즈를 갈 때 사용하는 도구예요. 구멍 크기에 따라 치즈 입자가 각각 다르게 갈리기 때문에 원하는 구멍 크기를 골라 구입하면 됩니다. 저는 샐러드나 키토 파스타에 파르메산 치즈를 곱게 뿌릴 땐 Mocroplane 클래식 시리즈 제품을 쓰는데 곱고 예쁘게 갈려 추천해요. 구멍이 큰 치즈 그레이터는 콜리플라워를 갈아서 콜리플라워 라이스를 만들거나 오이를 갈아서 차지키 소스를 만드는 등 채소를 잘게 가는 용도로도 사용할 수 있어요.

차퍼(chopper)

채소를 잘게 다져주는 도구입니다. 콜리플라워 라이스를 만들 때 콜리플라워를 다지는 용도로 사용해보세요.

샐러드 스피너

샐러드를 만들 때 잎채소의 수분을 제거할 뿐 아니라 부추를 오래 보관하기 위해서나 양배추를 채 썰어 세척할 때 등 쓰임새가 많아 없어서는 안 될 필수품이에요.

스파이럴라이저(Spiralizer)

주로 채소를 국수와 같은 형태로 썰 때 사용해요. 주키니 국수를 만들 때나 냉채용 채소를 썰 때 사용하면 정말 좋죠. 시중에 다양한 스파이럴라이저가 있지만 전 작은 크기의 옥소 제품을 이용합니다. 한때 유행했던 베르너나 곰돌이 채칼이 있다면 이걸 이용해도 좋아요.

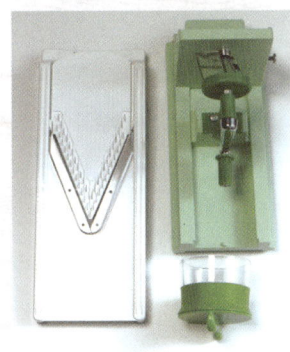

채칼과 스파이럴라이저

그라인더(grinder)

고기를 다질 때 쓰는 기구예요. 전 키친에이드 스탠드 믹서를 사용하고 있어서 여기에 부착하는 그라인더 액세서리를 따로 구입하여 사용하고 있어요. 원하는 부위의 고기를 필요할 때 바로 다져 쓸 수 있어 좋아요. 특히 비계가 많은 부위를 사용하면 지방 함량을 높일 수 있어 좋답니다. (시중에서 다져 파는 고기는 특히 돼지고기의 경우 주로 지방 함량이 낮은 등심이나 뒷다리 부위를 쓰는 경우가 많아요.)

레몬즙 짜개

레몬즙을 짜는 도구는 여러 종류가 있으니 하나쯤 가지고 있으면 편해요. 손으로 쥐어짜는 것보다 훨씬 즙을 알뜰하게 많이 짜낼 수 있어요.

종이 포일

종이 포일은 오븐에 채소 등을 구울 때 팬에 깔고 사용하거나 도시락을 쌀 때 사용해요. 플라스틱 도시락 용기의 경우 기름기 있는 음식이 용기에 직접 닿지 않게 해주는 역할을 합니다. 또 종이 포일을 완전히 구긴 후 다시 펴서 도시락 통에 깔고 음식을 담으면 어느 정도 완충제 역할을 하기도 해요.

핸드 블렌더

방탄 커피를 마신다면 없어서는 안 될 필수품이죠. 휴대용 미니 거품기와는 비교도 안 되는 힘으로 섞어주기 때문에 풍성하면서도 곱고 쫀쫀한 거품의 부드러운 방탄 커피를 마실 수 있어요. 수프나 매시드 콜리플라워 등을 만들 때도 뜨거운 내용물이 든 냄비에 바로 넣어 사용할 수 있어서 편해요.

핸드 믹서

키토식 빵이나 케이크를 만들 때 주로 사용해요. 저탄고지 식단 이후 필요가 없을 거라 생각했는데 키토 베이킹이나 아이스크림을 만들 때 편리해 자주 사용하고 있어요.

종이 포일

핸드 블렌더

전자 저울

거품기

핸드 믹서

스파이럴라이저

레몬즙 짜개

계량스푼

차퍼

캐닝용 깔때기

계량컵

치즈 그레이터

그라인더 액세서리

거품기

시저 드레싱이나 홀랜다이즈 소스 등을 만들 때 꼭 필요해요.

캐닝용 깔때기

걸쭉한 내용물을 비교적 입구가 넓은 병에 옮길 때 쓰면 좋아요. 저처럼 거대한 용량의 깡통 라드를 쓴다면 라드를 소분할 때 매우 유용한 도구예요. 특히 깔때기를 나무젓가락으로 쑤셔가며 라드를 소분해본 적 있는 분들에게 추천해요! 라드가 어느 정도  굳어 있어도 캐닝용 깔때기를 이용하면 유리병에 쉽게 옮겨 담을 수 있거든요.

무쇠 팬, 스테인리스 팬

무쇠 팬이나 스테인리스 팬은 예열을 해야 하는 점이 귀찮긴 하지만 안전하고 건강한 조리 도구라는 데는 이견이 없죠. 저도 쓰기 편한 코팅 팬에 손이 더 자주 가는 게 사실이지만 겉면만 굽고 오븐에서 더 익혀야 하는 요리를 할 땐 무쇠 팬이나 스테인리스 팬이 꼭 필요해요. 그리고 무쇠 팬에 조리한 후 팬째 식탁에 옮겨 먹으면 온기가 오래가서 삼겹살은 늘 무쇠 팬에 구워 먹어요.

진공 포장기

수분이 없는 재료들이나 고기류를 소분해 보관할 때 좋아요.

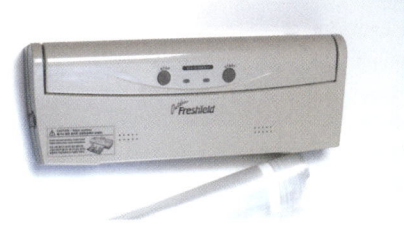

무쇠 냄비

무쇠 냄비는 여러모로 쓰임이 많지만 특히 덩어리 고기를 소스와 함께 오븐에 넣어 푹 익히는 요리에 유용해요. 불 위에서 뭉근히 끓이는 요리에도 당연히 좋고요.
스타우브나 르쿠르제 제품은 에나멜 코팅이 되어 있어서 마른 냄비를 불 위에 올리면 에나멜이 깨질 수 있으니 주의해야 해요. 롯지 제품은 에나멜 코팅이 되어 있지 않아 이런 염려는 없지만 산도가 있는 토마토소스 같은 걸 조리할 경우 음식에서 쇠 맛이 날 수 있고 국물 요리를 오래 담아두면 녹이 생길 수도 있으므로 조리 후 바로 세척하고 반드시 수분을 말려 보관해야 하는 번거로움이 있어요.

양념 일러두기

KETOGENIC DIET

키토식을 하게 되면 기본적으로 밥이나 빵, 국수 등을 피해야 하는 건 알겠는데 생각지도 않았던 양념류에 탄수화물이 숨어 있는 걸 모르고 사용하는 경우가 꽤 있어요. 이것도 안 되고 저것도 안 되니 다 빼고 나면 소금, 후추만 써야 하나? 무엇으로 어떻게 맛을 내야 할지 모르겠다 싶기도 하죠. 시판 양념에는 첨가물이나 당류가 많이 들어 있기 때문에 쓸 수 있는 양념이 제한적인 건 사실이에요.

탄수화물을 최대한 줄이기 위해 제가 어떤 양념들을 사용하는지 알려드릴게요.

조리용 오일

- **라드** 열에도 안전하고 특별한 향도 없어서 조리 시 주로 사용하는 오일이에요. 시판하는 라드를 구입해 먹고 있어요.
- **아보카도 오일** 아보카도 오일 역시 열에 안전하고 특별한 향이 없어 자주 사용해요. 라드를 사용한 음식은 식으면 식감이 나빠지기 때문에 뜨겁지 않게 먹는 요리를 조리할 경우 라드 대신 아보카도 오일을 사용해요.
- **버터/기버터** 버터 향이 어울릴 만한 요리에 종종 쓰는데, 레시피에서 특별한 언급이 없으면 무염 버터를 사용하는 거예요.
- **코코넛 오일** 열에 안전해 조리 시 사용하기 좋은 오일이지만 향이 한식 등에는 어울리지 않아 카레나 동남아 요리, 디저트 등에 사용해요.

양념용 오일

- **올리브 오일** 올리브 오일은 모두 엑스트라 버진 올리브 오일을 사용했어요. 샐러드드레싱에 주로 사용하고, 올리브 오일 향이 어울리는 끓이는 조리법의 요리에도 가끔 사용해요. (고온으로 볶거나 굽는 등의 요리에는 사용하지 않습니다.)
- **생들기름** 들깨를 직접 방앗간에서 짜서 사용하고 있어요. 나물이나 채소 무침 등에는 생들기름을 사용해요.
- **참기름** 한식에서 생들기름으로 대체가 가능한 요리는 모두 참기름 대신 생들기름을 쓰고 있지만 참기름이 빠지면 맛이 안 나는 요리에는 가끔 소량을 사용합니다.

간장

사용할 수 있는 양념이 제한적인 키토식에서 간장의 존재감은 절대적이에요. 메주와 소금으로만 만든 한식 국간장(조선간장)이 제일 좋지만 다양한 요리의 맛을 내기엔 부족함이 있습니다. 저는 국간장과 함께 리퀴드 아미노스를 주로 사용하는데 리퀴드 아미노스는 100% 콩으로만 만든 간장맛 양념이에요. 일반 진간장(양조간장)은 밀과 콩으로 만들어지기 때문에 저는 탄수화물 양보다는 밀의 섭취를 피하기 위해서 리퀴드 아미노스를 사용하고 있습니다. 일반 진간장을 사용하는 경우 조리법에 사용된 리퀴드 아미노스와 동일한 양을 넣으면 됩니다.

에리스리톨

음식 맛에 특별한 영향을 주지 않아 여러 천연 감미료 중 에리스리톨을 쓰고 있어요. 단맛은 설탕의 70% 정도예요. 이 책에서는 에리스리톨 100% 제품을 사용했어요. 에리스리톨에 스테비아나 몽크프룻, 올리고당 등이 입혀진 제품(에리스리톨 위드 스테비아, 라칸토, 스워브 등)을 사용한다면 에리스리톨 100% 제품보다 당도가 강하므로 양을 60~70% 정도로 줄여서 사용해야 합니다. 또 에리스리톨은 설탕처럼 물에 쉽게 녹지는 않기 때문에 믹서에 곱게 갈아쓰면 좋아요.

소금
굵은소금, 꽃소금 등의 특별한 언급이 없으면 조리법에 쓰인 소금은 일반 마트에서 파는 고운 입자의 구운 소금입니다.

조리용 술
- 대장부 일반 슈퍼에서 쉽게 구할 수 있는 단맛이 가미되지 않은 증류식 소주라서 한식 등 어울리는 곳에 맛술 용도로 두루두루 사용하고 있어요.
- 와인 와인 브랜드나 기타 조건에 따라 탄수화물 양이 조금씩 차이는 있겠지만 단맛이 없는 와인을 사용합니다. 레드 와인은 주로 카베네 소비뇽(Cabernet Sauvignon), 가끔 멜로(Merlot)를 사용하고, 화이트 와인은 소비뇽 블랑(Sauvignon Blanc)이나 샤도네(Chardonnay)를 쓰고 있어요.

후추
조리법에 사용된 후추는 거칠게 갈아놓은(coarse ground) 후추이고, 가끔 통후추를 갈아 쓰기도 했어요. 저는 가루 형태의 후추는 사용하지 않아요. 재료 본연의 맛을 덮어 후추 맛밖에 안 나거든요.

식초
간장으로 맛을 내어 조리할 때 식초를 약간 사용하면 감칠맛을 낼 수 있어서 채소 볶음 등 신맛이 없는 요리에도 종종 사용합니다. 조리 시에는 저렴한 일반 식초를 주로 쓰고 샐러드드레싱을 만들 땐 레드/화이트 와인 식초, 레드/화이트 발사믹 식초, 샴페인 식초, 애플 사이더 식초 등 다양한 식초를 사용해요.

아몬드 가루
시판 아몬드 가루는 베이킹 작업성을 높이기 위해 밀가루를 첨가한 제품이 많아요. 재료 성분 표기에 아몬드 100%라고 표기되어 있어도 수입될 때부터 밀가루가 첨가된 제품이 종종 있으니 구입 전 꼭 판매처에 확인하세요. 상대적으로 가격이 저렴한 제품은 대부분 밀가루가 첨가되어 있어요.

베이킹파우더
알루미늄 프리 제품을 선택하세요. 알루미늄이 든 베이킹파우더는 알루미늄 자체도 문제지만 달걀노른자와 반응해 안 좋은 냄새가 나는 경우가 있어요. 제가 사용하는 베이킹파우더는 밥스 레드 밀(Bob's Red Mill) 상표의 알루미늄 프리 제품이에요.

코코넛 밀크
가능한 한 첨가물 수가 적은 걸 고르려고 합니다. 첨가물이 덜 든 제품일수록 특히 겨울철에 내용물은 많이 분리되어 있고 침전물도 많아요. 섞어서 사용하면 됩니다.

닭 육수
닭 육수를 사용한 메뉴가 종종 있는데 모두 시판 제품을 사용했어요. 닭 육수는 사골 육수로 대체 가능합니다. 단, 간이 되어 있는 시판 닭 육수를 기준으로 하였으므로 간이 되어 있지 않은 사골 육수로 대체할 경우 간만 조금 더 해주세요.

사골 육수
시판 사골 육수를 가끔 구입해야 할 경우 소금도 넣지 않은 최소한의 첨가물이 든 제품을 선택합니다. 사골을 직접 고아 육수를 만드는 법은 시간은 좀 걸리지만 어렵지 않아요. (사골 육수 만드는 방법은 287쪽 참고)

멸치 가루
키토식을 하고 나서 찌개류를 덜 먹게 되므로 멸치 육수를 만들 일이 드물어졌어요. 그래서 요즘은 멸치 가루를 만들어놨다가 가끔 멸치 육수가 필요할 때 맹물에 한두 스푼씩 넣어 사용하고 있어요. 멸치 가루는 육수용 멸치를 대가리와 몸통을 분리해 내장을 제거하고 마른 팬에 한 번 볶은 후 미니 믹서에 갈아 만듭니다. 빳빳한 재질의 스탠드형 지퍼백에 담아 냉동실 문에 보관하고 사용하면 편해요.

칠리소스/스리라차 소스
칠리소스와 스리라차 소스는 포장에 닭 그림이 그려져 있어 흔히 닭표라고 불리는 후이 펑 푸드(Huy Fong Foods) 사의 제품을 쓰고 있어요. 고추장을 대신하는 유용한 양념이에요. 스리라차 소스는 칠리소스에 비해 첨가물이나 탄수화물이 약간 더 들어 있어요.

Chapter 1

달�걀과 닭고기

TIP

녹은 치즈 위에 루콜라,
어린잎 채소 같은 샐러드
채소를 추가하면
더 맛있어요.

볼로네제 소스* 치즈 오믈렛

칼로리	지방	단백질	탄수	식이	1인분
834kcal	68.4g	42.7g	14g	3.4g	기준

| 재료 | 1인분

- **달걀** 2개
- **생크림**(또는 사워크림) 1큰술
- **미몰레트 치즈*** 50g
- **라드*** 1큰술
- **소금·후추** 약간씩
- **볼로네제 소스**(272쪽 참고) 280g
  (크게 1국자)

✔ 볼로네제(bolognese) 소스: 다진 고기, 토마토, 와인을 오랫동안 천천히 끓여 크림이나 우유를 넣고 만든 붉은색의 걸쭉한 파스타 소스.

✔ 라드(lard): 돼지의 지방 조직에서 나온 흰색의 반고체를 정제한 기름.

✔ 미몰레트(mimolette) 치즈: 프랑스에서 만든 치즈로 공 모양에 주황색을 띤다. 이름은 중간 정도의 연함을 뜻하는 프랑스어 'mi-mou'에서 유래했다. '불 드 릴(boule de Lille)'이라고도 불리는데, 이는 '릴 지방의 공'이란 뜻으로 미몰레트 치즈를 릴(Lille) 지방에서 숙성시킨 것에 기인한 것이다. 또한 네덜란드의 에담 치즈와 비슷해서 '프렌치 에담(French Edam)'이라고도 불린다.

✔ 프로볼로네(provolone) 치즈: 이탈리아 남부의 바실리카타 주가 원산지로, 소금물에 담긴 모차렐라 치즈를 꺼내서 물기를 닦아낸 다음 온도와 습도가 잘 조절되는 공간에 두면 다른 종류의 치즈가 되는데, 이것이 바로 프로볼로네 치즈다.

치즈를 넣어 만든 오믈렛만으로도 식사가 되지만 고기가 듬뿍 들어간 볼로네제 소스를 곁들인다면 만족감도 포만감도 더욱 높을 거예요. 볼로네제 소스만 미리 만들어두면 언제든 쉽게 요리할 수 있어서 남편 도시락으로도 자주 싸줘요. 볼로네제 소스 대신 토마토소스(286쪽 참고)와 치즈 미트볼(110쪽 참고)을 넣어 만들어도 맛있어요.

1. 볼에 달걀과 생크림(사워크림)을 넣고 잘 풀어준 후 소금과 후추로 간한다.

2. 달군 프라이팬에 라드를 녹인 다음 1의 달걀물을 평평하게 붓는다.

3. 달걀물이 어느 정도 익으면 반쪽에만 미몰레트 치즈를 얹어 약한 불에 익힌다.

4. 치즈가 녹으면 반으로 나눈 반대쪽 달걀을 접어 치즈 오믈렛을 만든 다음 볼로네제 소스를 따끈하게 데워 끼얹는다.

> **TIP** | 치즈는 아무 종류나 OK. 저는 주로 에담, 체더, 프로볼로네*, 미몰레트 치즈를 사용하고, 이 중 몇 가지를 섞어서 넣기도 해요.

대파 굴 오믈렛

칼로리	지방	단백질	탄수	식이	1인분
598kcal	49.8g	23g	14.6g	2.4g	기준

| 재료 | 1인분

- 달걀 2개
- 생굴 100g
- 대파 100g
- 라드 1½큰술
- 소금·후추 약간씩
- 곁들여 먹을 사워크림 100g

굴과 구운 대파, 달걀의 조합은 정말 맛있어요. 금방 만들어 따끈한 오믈렛에 차가운 사워크림을 곁들이면 환상 궁합이에요. 풍성하고 특별한 맛이라 손님 초대 요리로도 좋아요.

1. 생굴은 껍데기 조각이 붙어 있는지 살핀 후 소금을 옅게 탄 물에 살살 흔들어 씻어 체에 밭쳐 물기를 뺀다.

2. 대파는 잘게 썰어놓고, 달걀은 소금과 후추로 간해 잘 풀어놓는다.

3. 프라이팬에 라드를 녹이고 약중간 불에서 대파를 충분히 볶는다.

4. 대파가 드문드문 노르스름하게 변하기 시작하면 불을 세게 키우고 굴을 넣어 앞뒤로 노릇하게 익힌다.

5. 굴이 익으면 2의 달걀물을 붓고 불을 줄인 후 달걀을 익힌다.

6. 잘 뒤집어지지 않으니 대충 반을 접으며 달걀이 익지 않은 부분이 없을 정도로만 익힌다.

| **TIP** | 생굴을 프라이팬에 구울 때 온도가 낮으면(불이 약하거나 굴 양에 비해 프라이팬이 너무 작으면) 굴에서 수분이 나오면서 쪼그라들기 때문에 온도가 떨어지지 않도록 신경 써야 해요. |

키토식* 에그 베네딕트

칼로리	지방	단백질	탄수	식이	1인분
739kcal	68.1g	25.2g	3.1g	1.1g	기준

| 재료 | 2인분

• 달걀 4개

• 베이컨 200g

• 시금치 100g

• 홀랜다이즈 소스(277쪽 참고) 2인분
  (180g 정도)

• 파프리카 가루 약간

• 소금·후추 약간씩

✔ 키토식(keto 食) : 키토제닉(keto-genic) 다이어트를 말하는 것으로, 탄수화물 섭취를 낮추고 많은 양의 지방과 적당한 양의 단백질을 섭취하는 저탄수화물 고지방(저탄고지)의 다이어트 식단이다.

새콤하고 고소한 홀랜다이즈 소스와 달걀노른자가 흐르는 부드러운 수란은 환상의 조합이에요. 볶거나 데친 채소류를 곁들이면 그야말로 완벽한 키토식!

1. 팬에 베이컨을 구운 후 덜어내고, 시금치를 남은 베이컨 기름에 볶으며 소금, 후추로 간한다.

2. 접시에 구운 베이컨과 볶은 시금치를 담은 후 수란을 만들어 올리고 홀랜다이즈 소스를 끼얹은 다음 파프리카 가루를 살짝 뿌린다.

수란 만들기

1. 밥공기에 달걀 1개를 노른자가 터지지 않도록 깨뜨려 준비한다.

2. 냄비에 달걀 1개가 충분히 잠길 높이만큼 물을 붓고 소금을 조금 넣어 끓인다.

3. 물이 끓으면 식초 2작은술을 넣고 약한 불로 줄인다.

4. 물 표면의 기포가 잦아들고 바닥에서 작은 방울이 하나 둘 올라오면 물속 가운데를 숟가락으로 동그랗게 몇 바퀴 저어 소용돌이를 만든 후 소용돌이 중간에 1의 달걀을 가만히 붓는다.

5. 3~4분 정도 끓인 후 타공 스푼으로 부드럽게 익은 달걀을 조심스럽게 건져 찬물에 담근다.

6. 나머지 달걀도 같은 방법으로 수란을 만든다.

TIP

수란은 달걀 하나씩 따로따로 만들어야 해서 시간이 좀 걸려요. 여러 개 만들어야 할 땐 미리 만들어 찬물을 담은 용기에 넣은 후 뚜껑을 덮어 냉장고에 보관하세요. 하루 이틀 정도는 두고 먹어도 괜찮아요. 먹기 전 뜨거운 물에 1분 정도 담갔다 사용하면 차갑지 않은 수란을 먹을 수 있어요.

브렉퍼스트 소시지 프리타타*

칼로리	지방	단백질	탄수	식이	1인분
646kcal	54.5g	29g	7.6g	1.2g	기준

| 재료 | 3인분

- 브렉퍼스트 소시지 160g
- 양파 100g
- 피망 1개
- 라드 2큰술
- 아라비아타 소스*(278쪽 참고) 2큰술
- 달걀 3개
- 생크림(또는 사워크림) 3큰술
- 페퍼 잭 치즈 60g
- 프로볼로네 치즈 110g
- 소금·후추 약간씩

✔ 프리타타(frittata): '튀기다'를 뜻하는 이탈리어 '프리게레(friggere)'에서 유래한 것으로, 달걀에 갖은 재료를 첨가하여 튀기듯이 조리하여 만든 이탈리아식 오믈렛이다.

✔ 아라비아타(arrabbiata) 소스: 마늘, 토마토, 고추 등을 올리브 오일에 조리하여 만드는 매운 소스이다. 아라비아타는 이탈리아어로 '화난'이란 뜻이며 고추를 넣어 많이 맵기 때문에 이런 이름이 붙었다.

브렉퍼스트 소시지는 다진 고기에 향신 재료만 섞어 껍질 없이 만든 소시지를 말해요(예 : 맥모닝에 들어 있는 고기 패티). 시중에서 구하기 힘들다면 다진 고기나 일반 소시지로 대신해도 됩니다.

1. 지름 21cm의 무쇠 팬을 달궈 라드 1큰술과 소시지를 넣고 소시지를 잘게 자르며 구워 덜어낸다.

2. 1의 팬에 나머지 라드를 녹이고 잘게 썬 양파와 피망을 볶다가 아라비아타 소스와 구워둔 소시지를 넣고 섞는다.

3. 페퍼 잭 치즈를 치즈 그레이터에 갈아 달걀, 생크림과 섞은 후 소금, 후추로 간한다.

4. 3의 달걀물을 2에 붓고 윗면에 프로볼로네 치즈를 고루 얹은 후 200℃로 예열한 오븐에 15분간 굽는다.

TIP

그린 핫소스나 스리라차에
사워크림과 마요네즈
약간을 섞어 곁들여
먹으면 개운해요.

베이컨 컵 미니 프리타타

칼로리	지방	단백질	탄수	식이	1개
144kal	11.2g	9.5g	0.5g	0g	기준

| 재료 | 6개 분량

- 베이컨 300g(약 9장)
- 달걀 3개
- 슈레드* 체더치즈 40g
- 사워크림 2큰술
- 대파 파란 부분 잘게 썬 것 2큰술
- 후추·소금 약간씩

✓ 슈레드(shred): 채를 썰거나 작은 조각으로 자른 것.

베이컨을 넉넉히 넣으면 한 끼 식사로 든든하고, 미리 구워 얼려두면 도시락에 활용하기 좋은 메뉴예요. 2018년 5월 서울대에서 열린 '저탄고지 포럼' 도시락 메뉴로도 넣었어요.

1. 베이컨을 반으로 자른 후 머핀틀에 빈틈없이 컵 형태로 깔아(빈틈은 작은 조각으로 메운다) 190℃로 예열한 오븐에 넣고 13~15분간 구워 베이컨 컵을 만든다.

2. 달걀, 체더치즈, 사워크림, 대파, 후추, 소금을 고루 섞어 1의 머핀틀 속 베이컨 컵(베이컨 기름이 홍건히 고인 상태)에 부은 후 오븐에서 15분 더 굽는다.

3. 머핀틀을 완전히 식힌 후 베이컨 컵을 꺼낸다.

TIP

달걀이 머핀틀에 달라 붙으니 머핀틀 안에 머핀용 종이나 실리콘 컵을 깔면 뒤처리하기가 편해요.

1인분 프리타타

칼로리	지방	단백질	탄수	식이	1인분
844kcal	68.8g	44.1g	11.2g	1.5g	기준

| 재료 | 1인분

- 달걀 2개
- 생크림 2큰술
- 다진 돼지고기 100g
- 잘게 썬 양파 50g
- 잘게 썬 피망 약간(약 2큰술)
- 토마토 페이스트 1큰술
- 버터 10g
- 브리 치즈* 70g
- 말린 오레가노 약간
- 소금·후추 약간씩
- 다진 파슬리 약간(선택)

✓ 브리(brie) 치즈: 견과류와 과일 향이 풍부하고 크림처럼 부드러운 프랑스 치즈로, 일 드 프랑스(Ill-de-france) 지방의 브리 마을에서 소젖을 이용해 만든다.

적은 양이라 오븐 없이 프라이팬을 사용해 간단하게 만들 수 있어요.

1. 지름 18cm 정도의 작은 프라이팬에 버터를 녹이고 잘게 썬 양파와 피망을 볶다가 다진 돼지고기와 토마토 페이스트, 말린 오레가노를 넣고 볶는다. 소금, 후추로 간한다.

2. 달걀에 생크림을 넣고 잘 섞어 소금, 후추로 간한 후 1에 부어 뚜껑을 덮고 약한 불에 1분가량 익힌다.

3. 브리 치즈를 얇게 썰어 올리고 파슬리(선택)를 뿌린 후 뚜껑을 덮어 약한 불에 달걀이 익을 때까지 몇 분간 더 익힌다.

타코 맛 풀드 포크* 오믈렛

칼로리	지방	단백질	탄수	식이	1인분
814kal	70g	31.2g	18.9g	7.4g	기준

| 재료 | 1인분

- 달걀 2개
- 생크림 1큰술
- 풀드 포크(91쪽 참고) 50g
- 페퍼 잭 치즈 40g
- 사워크림 3큰술
- 아보카도 1/2개
- 토마토 1/2개
- 할라피뇨 병절임 30g
- 라드 1큰술
- 소금·후추 약간씩

✓ 풀드 포크(pulled pork): 손으로 쉽게 뜯어질 정도로 연해질 때까지 장시간 서서히 구운 돼지고기.

미리 만들어 냉동해둔 풀드 포크가 있으면 언제든 쉽게 만들 수 있어요. 이때 냉동 풀드 포크는 전날 냉장실로 옮겨놨다가 오믈렛에 바로 넣으면 됩니다.

1. 달걀에 생크림을 넣고 잘 풀어준 후 소금, 후추로 간한다.

2. 달군 프라이팬에 라드를 녹이고 1의 달걀물을 평평하게 붓는다.

3. 달걀물이 어느 정도 익으면 반쪽에만 페퍼 잭 치즈와 풀드 포크, 할라피뇨를 얹어 약한 불에 익힌다.

4. 치즈가 녹으면 반으로 나눈 반대쪽 달걀을 접어 오믈렛을 만든다. 토마토, 아보카도, 사워크림을 곁들여 먹는다.

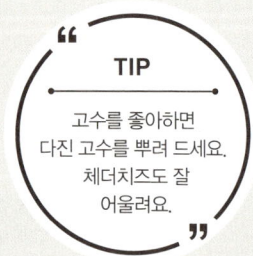

" TIP

고수를 좋아하면 다진 고수를 뿌려 드세요. 체더치즈도 잘 어울려요. **"**

TIP

사워크림을 곁들여
먹으면 맛있어요.

시금치 베이컨 치즈 오믈렛

칼로리	지방	단백질	탄수	식이	1인분
466kcal	35.4g	30.7g	3.9g	0.7g	기준

│재료│ 1인분
- 달걀 2개
- 베이컨 80g
- 시금치 30g
- 스위스 치즈* 40g
- 라드 1/2큰술
- 소금·후추 약간씩

✓ 스위스(Swiss) 치즈: 구멍이 뚫린 연한 노란빛의 딱딱한 치즈로 스위스 에멘탈 치즈를 일컫는다. 구멍이 없는 치즈는 '블라인드 치즈'라고 한다.

시금치를 볶다가 달걀물을 부어 오믈렛을 만들면 오믈렛 양도 풍성해지고 잎채소도 함께 먹을 수 있어 좋아요.

1. 달걀을 풀어 소금, 후추로 간한다.

2. 베이컨을 잘게 썰어 프라이팬에 볶다가 노릇해지고 기름이 나오면 라드를 더하고 시금치를 넣어 볶는다.

3. 시금치가 숨이 죽으면 시금치 위에 1의 달걀물을 평평하게 붓고 달걀이 살짝 익으면 달걀 반쪽에 치즈를 올린 후 반대편 달걀을 접어 오믈렛 모양을 잡는다.

4. 달걀이 속까지 익고 치즈가 녹도록 약한 불에 익힌다.

토마토 달걀 볶음

칼로리	지방	단백질	탄수	식이	1인분
553kca	47.3g	22.7g	7g	1.8g	기준

| 재료 | 1인분

- 달걀 2개
- 생크림 1큰술
- 이등분한 **방울토마토** 150g
- **슈레드 모차렐라 치즈** 40g
- 라드 2큰술
- 다진 **파** 1큰술
- 다진 **마늘** 1/2큰술
- 다진 **생강** 약간
- **소금·후추** 약간씩

토마토 달걀 볶음은 중국의 가정식 반찬이에요. 살짝 달면서 부드러운 맛이라 밥 없이도 충분히 맛있어요. 치즈를 더했기에 든든한 한 끼 식사로도 손색없죠.

1. 달걀에 생크림, 소금, 후추를 넣어 잘 섞은 후 라드 1큰술을 녹인 프라이팬에 부어 휘저으며 60% 정도만 익혀 덜어낸다.

2. 1의 팬에 나머지 라드를 녹이고 다진 파, 마늘, 생강을 약중간 불에 볶아 향을 충분히 낸 후 방울토마토를 넣고 센 불에 볶다가 소금과 후추로 간한다.

3. 미리 익혀놓은 1의 달걀을 2에 넣고 달걀이 거의 익을 무렵 모차렐라 치즈를 넣어 고루 섞은 후 불에서 내린다.

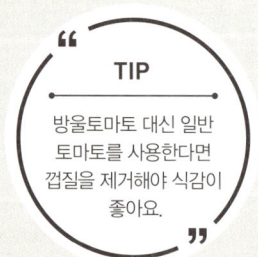

TIP

방울토마토 대신 일반 토마토를 사용한다면 껍질을 제거해야 식감이 좋아요.

삼각지 베이컨 식사

칼로리	지방	단백질	탄수	식이	1인분
427kcal	34.0g	23g	7.7g	2.4g	기준

| 재료 | 1인분

- 달걀 2개
- 베이컨 100g
- 대파 100g
- 라드 1큰술
- 소금·후추 약간씩

가끔씩 가던 서울 삼각지 어느 부대찌개 집의 메뉴 이름이에요. 구운 베이컨이랑 대파를 썰어 넣고 스크램블한 달걀 반찬에 밥 한 공기가 같이 나오는 특이한 구성이었는데, 밥만 빼면 저탄고지 메뉴로도 딱~! 그 집에선 머스터드랑 케첩을 잔뜩 뿌려 내주었어요.

1. 베이컨과 대파는 3~4cm 길이로 잘라놓는다.

2. 팬에 베이컨을 먼저 구워 기름이 나오면 그 기름에 대파를 노릇하게 구워 덜어낸다.

3. 달걀에 소금과 후추를 넣고 잘 푼 다음 라드를 녹인 프라이팬에 붓고 휘저으며 익혀 스크램블드에그를 만든다.

4. 달걀이 거의 익을 무렵 2의 구운 베이컨과 대파를 넣어 함께 섞는다.

TIP

베이컨과 대파를 좀 더 잘게 썰어 볶다가 달걀을 넣어 부드럽게 익혀 오믈렛을 만들어도 맛있어요.

코코뱅*

칼로리	지방	단백질	탄수	식이	1인분
786kcal	55.2g	52.2g	14.3g	3.8g	기준

재료 | 4인분

- **닭**(닭볶음탕용) 1팩(1kg)
- 두꺼운 **베이컨** 3장(약 90g)
- **양파**(중간 크기) 1개
- **셀러리** 15cm
- **라드** 1큰술
- 다진 **마늘** 1/2큰술
- 단맛 없는 **레드 와인** 1/2컵
- **닭 육수**(또는 사골 육수) 1컵
- **토마토 페이스트** 1큰술
- **새송이버섯** 1개
- **방울양배추** 10개
- **올리브** 10알
- **방울토마토** 10개
- 차가운 **버터** 50g
- 말린 **오레가노** 2꼬집
- **로즈메리** 2줄기
- **월계수 잎** 1개
- **소금·후추** 약간씩

✓ 코코뱅(coq au vin) : 프랑스 부르고뉴 지방에서 생산되는 레드 와인에 닭과 채소를 넣고 푹 고아 만든 스튜.

닭고기와 채소를 레드 와인에 조려 마지막에 버터를 넣고 마무리한 코코뱅은 정말 맛있어요. 날씨 쌀쌀한 날, 코코뱅 국물을 한 숟가락 먹으면 심장까지 뜨듯해지는 느낌이에요.

1. 닭을 깨끗이 손질해 소금을 약간 뿌려 밑간한다.

2. 베이컨과 양파, 셀러리는 잘게 자르고 새송이버섯은 한 입 크기로 자른다.

3. 냄비에 라드를 녹이고 1의 닭을 넣어 겉면만 노릇하게 구워 덜어낸다.

4. 닭을 구운 냄비에 2의 베이컨을 볶다가 다진 마늘, 잘게 썬 양파와 셀러리를 넣고 함께 볶는다. 소금, 후추로 밑간한다.

5. 4에 레드 와인을 붓고 바닥에 눌어붙은 게 있으면 싹싹 긁어주며 끓인 후 토마토 페이스트를 넣어 잘 풀어준다.

6. 5에 구운 닭과 닭 육수, 말린 오레가노와 로즈메리, 월계수 잎을 넣고 한소끔 끓으면 약한 불로 줄이고 뚜껑을 덮어 20분간 익힌다.

7. 방울토마토를 제외한 채소를 모두 넣고 15분 정도 조리듯 익힌 후 방울토마토를 넣어 조금 더 끓인다.

8. 소금, 후추로 간한 후 마지막에 차가운 버터를 넣고 저어주며 녹여 깊은 맛을 낸다(버터를 넣어 끓이지 않고 열감으로 녹여만 준다).

> **TIP** | 저는 집에 있는 채소를 활용했지만 코코뱅에는 보통 당근, 양송이, 미니 양파 정도가 사용됩니다. 레드 와인도 훨씬 더 많이 들어가지만 여기서는 와인 양도 많이 줄였어요.

닭볶음탕

칼로리	지방	단백질	탄수	식이	1인분
701kcal	43.7g	56.3g	22.3g	6g	기준

걸쭉한 고추장 국물이 쏘옥 배어든 감자를 밥에 넣고 으깨 슥슥 비벼 먹는 맛은 아직도 생생하게 기억나지만, 고추장을 넣지 않은 키토식 닭볶음탕도 충분히 맛있어요. 넉넉한 양의 양배추와 달고 부드러운 단호박이 건더기를 풍성하게 해주고, 삶은 달걀을 국물에 으깨어 먹으면 든든하고 맛있어요. 마지막에 넣는 향긋한 깻잎이 살짝 모자랄 수 있는 닭볶음탕의 맛을 완벽히 채워줍니다.

1. 냄비에 깨끗이 손질한 닭, 양파, 대파, 생강을 숭덩숭덩 썰어 넣고 닭이 잠기도록 물을 붓는다.

2. 불에 올려 물이 끓으면 중간 불로 낮춰 30분간 익힌다.

3. 2에 양념장을 넣어 고루 섞은 뒤 먹기 좋은 크기로 썬 양배추와 단호박을 넣어 20~30분간 뚜껑을 열고 끓인다.

4. 완성될 즈음에 마무리용 대파를 어슷하게 썰어 넣고 적당히 자른 깻잎과 삶은 달걀을 넣어 고루 섞는다(차려낼 때 추가로 깻잎 몇 장을 가늘게 채 썰어 고명으로 올려도 좋다).

| 재료 | 4인분

- **닭**(닭볶음탕용) 1팩(1kg)
- **양파** 1개
- **대파** 1대
- **생강** 1톨(엄지손가락 크기)
- **양배추** 400g
- **단호박** 200g
- **삶은 달걀** 4개
- **깻잎** 20장
- **마무리용 대파** 1/2대

| 양념장 |

- **고춧가루** 4큰술
- **리퀴드 아미노스*** 3큰술
- **액젓** 2큰술
- **다진 마늘** 3큰술
- **에리스리톨*** 3큰술
- **대장부*** 3큰술

✓ 리퀴드 아미노스(liquid aminos): 밀 없이 콩으로만 발효시켜 만든 간장으로 진간장 대용으로 사용한다. 리퀴드 아미노스가 없다면 시판 진간장으로 대체해도 된다.

✓ 에리스리톨(erythritol): 감미도가 설탕의 70% 정도이며 체내에 거의 흡수되지 않고 혈당을 올리지 않는 당알콜 성분의 천연 감미료이다.

✓ 대장부: 시판 소주의 한 종류로 다른 제품과 달리 증류식 소주라 당류가 적어 단맛이 나는 맛술 대신 사용한다.

TIP

부추는 오래 익히면
질겨지니 맨 마지막에
넣어 살짝만
익혀주세요.

쪽파 부추 닭백숙

칼로리	지방	단백질	탄수	식이	1인분
831kcal	58.8g	66g	9.6g	4.7g	기준

| 재료 | 3인분

- 닭(백숙용) 1마리(1kg)
- 마늘 3~4쪽
- 통후추 15알
- 대장부 약간
- 소금 약간
- 쪽파 100g
- 부추 100g

| 양념장 |

- 고춧가루 3큰술
- 리퀴드 아미노스 3큰술
- 식초 1큰술
- 생수 1큰술
- 에리스리톨 1/2큰술
- 들깻가루 2큰술
- 생들기름 1큰술
- 연겨자 1작은술
- 다진 마늘 1작은술
- 후추 약간

닭백숙 국물에 익힌 쪽파와 부추를 닭고기와 함께 양념장에 찍어 먹으면 닭백숙 속 찰밥이 그립지 않아요. 쪽파와 부추 양은 얼마든지 늘려도 좋아요.

1. 냄비에 깨끗이 씻은 백숙용 닭과 마늘, 통후추를 넣고 닭이 잠길 만큼 찬물을 부은 후 대장부를 두 바퀴 둘러주고 불에 올린다.

2. 뚜껑을 연 채로 50분~1시간 끓인 후(중간에 국물이 많이 졸아들면 물을 추가한다) 체로 마늘과 통후추를 건져낸다.

3. 2에 소금을 넣어 간을 한 다음 국물 한쪽에 쪽파와 부추를 넣어 익힌다.

4. 양념장을 만들어 닭고기와 채소를 찍어 먹는다.

시금치 크림 치킨

칼로리	지방	단백질	탄수	식이	1인분
553kcal	44.1g	32.1g	6.4g	1.7g	기준

| 재료 | 4인분

- 닭 허벅지살 600g
- 크림치즈 200g
- 시금치 200g
- 양송이 큰 것 5개
- 닭 육수(또는 사골 육수) 1컵*
- 라드 1큰술
- 다진 마늘 1큰술
- 강판에 간 파르메산 치즈 1/4컵
- 소금·후추 약간씩

✓ 1컵 = 240ml

맛도 좋지만 풍성한 요리라 손님을 초대한 날이나 특별한 날 만들어도 괜찮은 요리예요.

1. 닭 허벅지살에 소금, 후추를 뿌려 간을 한 뒤 라드를 녹인 팬에 올려 앞뒤로 노릇하게 굽는다.

2. 1의 팬에 다진 마늘을 넣어 닭고기와 함께 뒤적이며 익힌다.

3. 2에 크림치즈와 닭 육수를 넣고 크림치즈가 녹아들면 파르메산 치즈와 시금치를 넣고 끓이다가 양송이를 넣는다.

4. 시금치가 부드럽게 익고 닭 육수가 걸쭉한 농도의 소스가 될 때까지 조린다. 이때 재료가 바닥에 눌어붙지 않도록 계속 저어준다.

TIP

깻잎 향을 좋아한다면 깻잎의 양을 더 늘려도 좋아요.

치즈 닭갈비

칼로리	지방	단백질	탄수	식이	1인분
718kcal	49.9g	43.6g	24.2g	7.4g	기준

자글자글 볶아서 치즈를 죽 늘어뜨리며 먹는 닭갈비 맛은 상상만으로도 침이 꿀꺽 넘어가죠? 고추장 대신 고춧가루와 리퀴드 아미노스, 액젓으로 맛을 내고 단호박과 양배추를 넣어 단맛과 풍성함을 더했어요.

| 재료 | 2인분

- 닭 허벅지살 300g
- 양파 1/2개(100g) · 대파 1/2대
- 단호박 100g · 양배추 250g
- 깻잎 10장 · 부추 50g
- 라드 1큰술 · 모차렐라 치즈 100g

| 버무림용 양념 |

- 고춧가루 2큰술
- 리퀴드 아미노스 1½큰술
- 액젓 1큰술
- 에리스리톨 1큰술
- 생들기름 1½큰술
- 다진 마늘 1큰술
- 다진 생강 1/2작은술
- 후추 약간

1. 닭고기는 한 입 크기로 자르고 대파는 어슷하게, 양파와 단호박은 도톰하게 썰어 고기와 함께 버무림용 양념에 고루 버무려둔다. 양배추는 따로 도톰하게 채 썰어둔다.

2. 무쇠 팬에 라드를 녹이고 양배추를 기름 코팅이 될 정도로만 센 불에 살짝 볶은 후 양념에 버무려둔 닭고기와 채소를 넣고 함께 볶는다.

3. 단호박이 무르게 익고 닭고기가 익으면 깻잎과 부추를 잘라 넣고 고루 섞는다.

4. 약한 불로 줄인 후 모차렐라 치즈를 고루 뿌리고 뚜껑을 덮어 치즈를 녹인다. 치즈가 녹으면 바로 먹는다.

한신포차 옛날 통닭

칼로리	지방	단백질	탄수	식이	1인분
1148kcal	82.4g	94g	2g	1.3g	기준

| 재료 | 2인분

- 영계(500g짜리) 2마리
- 고운 코코넛 가루 1큰술
- 라드 적당량
- 소금·후추 약간씩

'1인 1닭' 하는 날. 바삭하고 짭짤한 껍질이 예술이라 치킨 배달시켜 먹을 일이 없어져요. 치킨 무 대신 양배추 피클(181쪽 참고)을 곁들이면 환상의 궁합!

1. 깨끗이 씻은 영계의 겉과 속을 키친타월로 닦아 물기를 없앤 후 소금과 후추를 겉과 속에 고루 뿌린다.

2. 1의 겉면에만 코코넛 가루를 고루 솔솔 뿌린다.

3. 깊이가 있는 팬에 라드를 녹이고 2의 영계를 넣어 껍질이 노릇노릇, 바삭해질 때까지 튀긴다(영계가 기름에 잠기지 않는 경우에는 한쪽 면을 먼저 튀기고 뒤집어 나머지 면을 튀긴다).

닭날개 오븐 구이

칼로리	지방	단백질	탄수	식이	1인분
818kcal	61.4g	57.6g	5.2g	1.5g	기준

| 재료 | 2인분

- **닭날개**(아래쪽 날개) 500g
- **아보카도 오일** 2큰술
- 다진 **마늘** 1작은술
- **굵은 소금**(김장용) 1작은술
- **고춧가루** 1작은술
- **후추** 1작은술
- **타바스코 소스** 약간(5~6번 착착착)

늘 갖추고 있는 양념을 사용하는 데다 만들기도 간편해요. 구운 아스파라거스 등 채소 메뉴만 하나 곁들이면 만족스럽고 훌륭한 한 끼가 되는지라 자주 만들어 먹는답니다.

1. 아보카도 오일에 다진 마늘, 굵은소금, 고춧가루, 후추, 타바스코 소스를 넣고 숟가락으로 소금 알갱이를 잘게 부순 뒤 소금이 녹도록 고루 섞는다.

2. 깨끗하게 손질한 닭날개를 1의 양념에 넣고 고루 버무린 다음 오븐용 팬에 겹치지 않게 담는다.

3. 2를 200℃로 예열한 오븐에 넣어 25분간 구운 뒤 뒤집어 10~15분간 더 굽는다.

파르메산 치즈 바질 윙

칼로리	지방	단백질	탄수	식이	1인분
894kca	67.2g	63.5g	5g	1.1g	기준

아주 오래전에 인터넷에서 보고 메모해둔 메뉴인데 키토식을 하면서 약간 변형해 만들어 먹고 있어요. 너무 맛있어서 이제는 생바질을 보면 자동으로 떠올라요. '오늘은 파르메산 치즈 바질 윙이닷!'

| 재료 | 2인분
- 닭날개(아래쪽 날개) 500g

| 닭날개용 밑간 양념 |
- 소금 1/2작은술
- 말린 오레가노 1/2작은술
- 말린 로즈메리 1/2작은술

| 버무림용 양념 |
- 올리브 오일 2큰술
- 곱게 간 파르메산 치즈(파미지아노 레지아노 또는 그라나 파다노) 2큰술
- 다진 생바질 1큰술(또는 그 이상)
- 다진 마늘 1작은술
- 후추 약간

1. 깨끗이 씻은 닭날개를 키친타월로 닦아 물기를 없앤 후 닭날개용 밑간 양념을 넣고 잘 버무린다.

2. 밑간한 닭날개를 오븐용 팬에 겹치지 않게 올린다.

3. 2를 210℃로 예열한 오븐에 25분간 구운 후 뒤집어 10분 더 굽는다.

4. 버무림용 양념 재료를 잘 섞은 후 갓 구워내 뜨거운 닭날개를 넣고 고루 버무린다.

로스트 치킨과 채소구이

칼로리	지방	단백질	탄수	식이	1인분
724kcal	53g	49.5g	11.8g	3.3g	기준

| 재료 | 4인분

- 닭 1마리(1kg짜리)
- 단호박 400g
- 방울양배추 200g
- 버터 40g
- 아보카도 오일 2큰술
- 소금·후추 약간씩

닭 한 마리 구워두면 도시락도 싸고 여러 번 먹을 수 있어서 편해요.

1. 깨끗이 손질한 닭 속과 껍질에 소금과 후추를 넉넉히 뿌리고 아보카도 오일 1큰술을 고루 발라 마사지 하듯 문질러 준다.

2. 버터를 여러 조각으로 잘라 닭 껍질과 살 사이에 군데군데 넣는다.

3. 도톰하게 자른 단호박과 방울양배추에 나머지 아보카도 오일 1큰술과 소금, 후추를 뿌려 버무려둔다.

4. 오븐 용기에 닭과 채소를 담아 200℃로 예열한 오븐에 1시간 동안 굽는다.

> **TIP** | 오븐 사양에 따라 굽는 시간은 다를 수 있으나 닭 1kg당 200℃로 예열한 오븐에서 1시간 정도라고 생각하면 됩니다.

데리야키 소스 대파 닭꼬치

칼로리	지방	단백질	탄수	식이	1인분
478kcal	35.1g	35.2g	3.5g	1.2g	기준

| 재료 | 2인분

- 닭 허벅지살 400g
- 대파(흰 부분) 2대
- 라드 1/2큰술
- 소금·후추 약간씩
- 데리야키 소스(285쪽 참고) 적당량

맥주 한잔이 생각나는 메뉴이지만 사워크림이랑 오이를 곁들여 먹으면 한 끼 식사로도 충분해요.

1. 닭고기는 껍질째 한 입 크기로 자르고 대파도 닭고기 크기에 맞춰 자른다.

2. 꼬치에 닭고기와 대파를 번갈아 끼우고 소금과 후추를 뿌린 뒤 라드를 녹인 프라이팬에 올려 앞뒤로 노릇하게 굽는다.

3. 요리용 붓을 이용해 데리야키 소스를 2에 골고루 바르며 굽는다.

TIP

구멍이 뚫려 있는 기름 튐 방지 뚜껑을 이용하면 기름도 덜 튀고 바삭하게 구울 수 있어요.

닭침개

칼로리	지방	단백질	탄수	식이	1인분
662kcal	52.1g	35.8g	11.2g	1.7g	기준

| 재료 | 2인분 |

- 닭 허벅지살 400g
- 대파 1대(120g)
- 꽈리고추 6개(30g)
- 라드 2큰술
- 소금·후추 약간씩

| 스리라차 마요 |

- 마요네즈 3큰술
- 스리라차 소스* 2작은술

✓ 스리라차(sriracha) 소스: 칠리소스의 한 종류. 태국 동부의 해안 도시 시라차에서 유래한 소스로 현지 주민들이 먹는 해물 요리에 사용한 것이 시초였으며, 미국의 후이 펑 푸드(Huy Fong Foods) 사에서 닭표 스리라차 소스를 만든 이후 세계적으로 유명해졌다.

팟캐스트 〈저자세〉 팀의 추천으로 알게 된 연남동 작가식당의 닭침개 맛이 궁금해서 먹으러 가봤어요. 바삭하면서도 촉촉하게 구운 닭고기와 대파, 고추를 함께 먹는 궁합은 그야말로 엄지 척. 조리법이 어렵지 않으니 집에서도 만들어 먹어요. 작가식당에서는 '고추냉이 마요'가 함께 나오지만 제 입맛에는 스리라차 마요가 더 어울리는 것 같아요.

1. 대파는 3cm, 꽈리고추는 1~2cm 길이로 송송 썰고 닭 허벅지살은 굽기 직전에 소금을 뿌려 준비한다.

2. 팬에 라드를 녹이고 닭 허벅지살을 껍질 쪽부터 바삭해지도록 튀기듯 구워(중간 불에서 센 불 사이 유지) 닭고기 양면이 어느 정도 노릇해지면 대파를 넣고 굽다가 꽈리고추도 넣어 함께 굽는다.

3. 대파와 꽈리고추에도 소금을 뿌리고 전체적으로 후추를 뿌려 간을 한 다음 스리라차 마요를 곁들여 먹는다.

Chapter 2
소고기와 돼지고기

두릅 불고기

칼로리	지방	단백질	탄수	식이	1인분
352kcal	19.7g	38.5g	5.6g	3.8g	기준

| 재료 | 3인분

- 소고기(불고기용) 500g
- 두릅 300g
- 양파 1/4개
- 사골 육수(287쪽 참고) 100ml
- 두릅 데칠 소금 약간
- 리퀴드 아미노스 1~2밥숟가락

| 불고기 양념 |

- 리퀴드 아미노스 6밥숟가락
- 에리스리톨 4밥숟가락
- 대장부 2밥숟가락
- 참기름 1밥숟가락
- 다진 마늘 1/2밥숟가락
- 다진 파 3밥숟가락
- 후추 약간

두릅은 포만감이 큰 채소라 소불고기와 함께 먹으면 밥이 없어도 든든해요. 봄에 맛있는 두릅을 보고도 초고추장에 찍어 먹지 못해 지나쳤다면 이제는 불고기에 넣어 드셔보세요. 두릅이 나지 않는 철엔 청경채 등의 채소로 대체해도 됩니다. 두릅이 들어가기 때문에 불고기 간은 약간 센 듯해야 맛있어요.

1. 두릅은 끓는 소금물에 데친 후 물기를 짠다.

2. 소고기에 양파를 채 썰어 넣고 불고기 양념과 함께 조물조물 버무린다.

3. 양념한 소고기를 웍에 볶다가 고기에서 핏기가 사라지면 사골 육수를 넣는다.

4. 국물이 끓으면 1의 두릅을 넣고 간을 본 후 리퀴드 아미노스를 추가해 간을 맞춘다.

[진주의 밥숟가락 계량법]

제가 늘 사용해온 불고기 양념 공식이 있는데 양파나 버섯이 조금 들어간 불고기를 만드는 경우 소고기 200g당 밥숟가락으로 진간장 2개, 설탕 1개예요. 저탄고지 식이를 하면서부터는 리퀴드 아미노스와 에리스리톨을 사용하지만 같은 공식을 적용하고 있어요(에리스리톨은 설탕보다 단맛이 약해서 불고기 맛도 약간 덜 달게 만들어져요). 이 공식으로 간장과 설탕 양만 맞춰주면 참기름, 마늘 등의 나머지 양념을 약간씩 줄이거나 늘려도 늘 맛있는 불고기가 만들어진답니다.

참고로 제가 사용하는 밥숟가락의 용량은 7ml예요. 에리스리톨 같은 가루류를 밥숟가락으로 계량할 땐 자연스럽게 약간 소복한 정도로 뜨면 됩니다. 두릅 불고기에도 밥숟가락 계량을 사용했어요.

코코넛 갈비찜

칼로리	지방	단백질	탄수	식이	1인분
959kcal	78.1g	49.1g	14.3g	6g	기준

| 재료 | 4인분

- 소갈비(찜용) 1kg
- 코코넛 크림(코코넛 밀크로 대체 가능) 250ml
- 코코넛 밀크 150ml
- 코코넛 오일 1큰술
- 코코넛 가루 6큰술

| 페이스트 재료 |

- 커리 가루 2큰술
- 식초 2큰술
- 생강(엄지손가락 크기) 1톨
- 쥐똥고추(태국의 매운 고추) 3개
- 리퀴드 아미노스 2큰술

언젠가 인도네시아의 '렌당(rendang)'이 세상에서 제일 맛있는 요리로 뽑혔다는 기사를 봤어요. 렌당은 소고기에 코코넛 밀크와 향신료들을 넣고 오랫동안 푸욱 끓인 일종의 소고기찜인데 짭짤한 맛이 강하고 우리나라의 갈비찜이랑 약간 비슷해요. 저는 구할 수 있는 향신료들을 이용해서 비슷하게 만들어 먹고 있어요. 콜리플라워 라이스(182쪽 참고)에 부드럽게 익은 코코넛 갈비찜을 얹어 먹으면 정말 맛있답니다.

1. 미니 믹서에 페이스트 재료를 넣고 갈아서 양념 페이스트를 만든다.

2. 소갈비는 씻어서 체에 밭쳐 물기를 뺀다.

3. 냄비를 불에 올려 코코넛 오일을 녹이고 1의 페이스트를 볶아 향을 충분히 내준다.

4. 3에 소갈비를 넣어 섞는다.

5. 코코넛 크림, 코코넛 밀크, 코코넛 가루와 함께 물 1컵을 넣고 한 번 끓으면 뭉근한 불로 낮춰 갈비가 부드럽게 익고 국물이 졸아들 때까지 1시간 이상 익힌다(바닥이 눌어붙지 않도록 가끔 저어주고 국물이 너무 졸아들면 물을 조금씩 보충해가며 끓인다).

6. 콜리플라워 라이스와 함께 먹는다.

TIP 페이스트 재료에 들어가는 커리 가루는 커리용 향신료만 갈아놓은 걸 말합니다. 슈퍼에서 파는 카레라이스용 카레 제품에는 카레를 걸쭉하게 만들기 위한 밀가루나 전분뿐 아니라 식물성 오일도 들어 있어요.

모로코식 코프타

칼로리	지방	단백질	탄수	식이	1인분
815kcal	62.2g	44g	16.4g	7g	기준

| 재료 | 2인분

- 간 소고기 300g
- 라드 1큰술 ・ 달걀 4개
- 슬라이스 치즈 3장
- 다진 고수 1줌

| 미트볼 양념 |

- 다진 양파 1/4개 분량
- 다진 마늘 1작은술
- 말린 오레가노 1/2작은술
- 파프리카 가루 1/2작은술
- 큐민 가루 1꼬집
- 소금・후추 약간씩

| 토마토소스 재료 |

- 다진 양파 1/4개 분량
- 토마토 펄프*(또는 깍둑썰기 한 토마토 캔) 500g
- 코리앤더(고수 씨앗) 가루 1작은술
- 레드 페퍼 플레이크 1작은술
- 큐민 가루 1작은술
- 파프리카 가루 1작은술
- 소금・후추 약간씩

✔ 샤크슈카(sahkshouka) : 이스라엘을 비롯한 중동 지역, 튀니지, 이집트 등에서 즐겨 먹는 대표적인 아침 메뉴. 토마토, 고추, 양파로 만든 소스에 달걀을 조리며 파, 감자, 소시지, 커널 콘 등이 들어간다. 전통적으로 무쇠 팬 또는 타진에 담아 곁들여 먹을 빵과 함께 제공된다.

✔ 토마토 펄프(tomato pulp) : 잘 익은 토마토를 으깨어 껍질, 씨 등을 없앤 과육이나 액즙.

코프타(kofta)는 중동이나 발칸, 중남 아시아에서 먹는 미트볼을 말해요. 모로코에서는 고깔처럼 생긴 타진이라는 뚝배기에 미트볼과 토마토소스를 넣고 끓여 먹는데, 여러 향신료가 들어가서 이국적이면서도 달걀이랑 치즈가 더해져 풍성한 맛이에요. 샤크슈카*에 미트볼을 더한 요리라고 생각하면 되겠습니다.

1. 간 소고기에 미트볼 양념을 모두 넣고 고루 치댄 뒤 지름 4cm 정도의 큼직한 미트볼을 빚는다.

2. 팬에 라드를 녹이고 1의 미트볼을 넣어 겉면만 구워 덜어낸다.

3. 미트볼을 구워낸 팬에 토마토소스 재료 중 다진 양파를 먼저 넣고 볶다가 나머지 토마토소스 재료를 넣고 끓인다.

4. 소스가 끓으면 2의 미트볼을 넣고 뚜껑을 덮어 약중간 불에 20분 익힌다. 이때 눌어붙지 않도록 가끔 저어준다.

5. 중간중간 빈 곳에 달걀을 깨뜨려 넣고 슬라이스 치즈를 잘라 군데군데 올린 다음 다진 고수를 뿌리고 뚜껑을 덮어 약한 불에 6분 정도 익힌다.

로스트 비프와 버섯 그레이비*

칼로리	지방	단백질	탄수	식이	1인분
675kcal	50.4g	49.7g	3.7g	0.5g	기준

| 재료 | 4인분

- **소고기**(로스트용 목살이나 앞다리살 부채살 등의 덩어리 고기) 1kg
- **아보카도 오일** 1큰술
- **원하는 허브** 약간(선택 사항)
- **소금·후추** 약간씩

| 버섯 그레이비용 재료 |

- **표고** 4장
- **버터** 60g
- **닭 육수**(또는 사골 육수) 2컵
- **디종 머스터드** 2작은술
- **마스카르포네* 치즈** 150g
- **소금·후추** 약간씩

✓ 그레이비(gravy): 육류를 구울 때 생기는 육즙에 양념을 더해 걸쭉하게 만든 소스.

✓ 해시(hash): 고기와 채소류 등을 잘게 썰어 함께 요리한 것. 보통은 튀기듯 구워 만든다.

✓ 마스카르포네(mascarpone) 치즈: 이탈리아산 치즈로, 우유에서 분리한 크림으로 만들기 때문에 지방 함량이 매우 높고 다른 치즈와는 달리 짠맛이 없고 은은한 단맛이 난다.

덩어리째 구워낸 고기의 비주얼은 정말 먹음직스럽죠! 오븐에 넣고 구워지는 동안 다른 사이드 요리를 준비할 수 있으니 손님 초대 요리로도 좋아요. 식구가 적더라도 남은 로스트 비프는 샌드위치나 해시* 등 다른 요리로 활용할 수 있으니 한 덩이 구워놓으면 든든해요.

1. 소고기에 소금과 후추를 넉넉히 뿌린 후 아보카도 오일을 골고루 바르고 그레이비용 표고는 채 썰어 준비한다.

2. 오븐에 넣을 수 있는 스테인리스나 무쇠 프라이팬에 로스트용 렉을 얹고 1의 고기를 올려 190℃로 예열한 오븐에서 굽는다.

3. 1시간이 경과될 무렵부터 고기를 10분 단위로 꺼내어 고기 한가운데를 고기용 온도계로 찔러 내부 온도가 60℃가 될 때까지 굽는다(미디엄).

4. 고기 내부 온도가 60℃에 이르면 고기를 꺼내서 옮겨 담고 15~20분간 레스팅한다.

5. 고기를 레스팅하는 동안 고기를 담아 오븐에 넣었던 프라이팬에 버터를 녹이고 채 썬 표고를 볶다가 닭 육수를 부어 나무 주걱으로 바닥의 육즙을 싹싹 긁어 섞어주며 센 불에 끓인다.

6. 닭 육수의 양이 1/4~1/3 정도로 줄어들면 디종 머스터드와 마스카르포네를 넣어 저으면서 녹인다.

7. 모자라는 간은 소금으로 맞추고 후추를 뿌려 그레이비를 완성한다.

8. 레스팅된 고기를 얇게 썰어 접시에 담고 따뜻한 그레이비를 얹어 먹는다.

[오븐 시간 조절하기]

굽는 시간은 오븐 사양이나 고기의 형태에 따라 다르기 때문에 고기 내부의 온도를 확인하는 게 제일 정확한 방법이에요. 저희 집 오븐으로는 고기 1kg를 미디엄으로(내부 온도 60℃) 구우려면 보통 1시간 20분~1시간 30분 정도가 걸려요.

> **TIP**
>
> 마스카르포네 대신
> 생크림을 사용해도 좋은데
> 생크림을 쓸 때는 원하는
> 농도가 나올 때까지
> 약간 조려주세요.

TIP

아보카도 1/4~1/2개를
썰어 추가해도
좋아요.

베이컨 치즈 버거

칼로리	지방	단백질	탄수	식이	1인분
838kcal	67.8g	49.4g	5.3g	1.3g	기준

재료 | 1인분

- 다진 소고기 170g
- 달걀 1개
- 토마토 1/2개
- 양파 약간
- 슬라이스 치즈 1장
- 상추 2~4장
- 베이컨 2줄
- 라드 1큰술
- 마요네즈 1/2큰술
- 무설탕 케첩(또는 스리라차 소스) 약간
- 소금·후추 약간씩

✓ 번(bun): 밀가루를 주재료로 이스트를 발효해 만든 빵.

햄버거용 번* 대신 상추로만 감싸 먹는 키토식 버거예요. 지방질이 많은 부위의 다진 한우를 다져서 동그랗게 뭉친 뒤 굽고 치즈, 베이컨, 달걀 프라이까지 넣어 속 재료에 힘 팍팍 줘서 만든 키토식 버거는 남편이 제일 좋아하는 도시락 메뉴랍니다.

1. 토마토와 양파는 얇게 슬라이스한다.

2. 프라이팬에 베이컨을 바삭하게 구운 후 덜어내고 남은 베이컨 기름으로 달걀 프라이를 부쳐낸다.

3. 2의 프라이팬에 라드를 더하고 다진 소고기를 동글납작하게 뭉쳐 올린 뒤 겉면에만 소금을 뿌려 구워 패티를 굽는다.

4. 3의 소고기 패티 양면을 바삭하고 갈색이 돌게 구운 후 불을 낮추고 후추를 뿌려 속까지 더 익힌다. 이때 슬라이스 치즈를 1장 올려 치즈가 약간 녹아 패티에 달라붙도록 한다.

5. 접시에 상추 2장을 놓고 그 위에 마요네즈를 바른 후 토마토와 양파를 얹고 4의 패티를 올려 무설탕 케첩(또는 스리라차 소스)을 뿌린 다음 구운 베이컨, 달걀 프라이를 올린다.

6. 5의 상태에서 포크와 칼로 잘라 먹거나 상추 2장을 덮은 뒤 유산지로 감싸 들고 먹는다.

[패티 만드는 요령]

패티를 만들 때 다른 부재료를 넣지 않고 다진 소고기를 동글납작하게 뭉친 뒤 굽기 직전에 겉면에만 소금을 뿌려 구워야 육즙 가득한 수제 버거 전문점의 패티 맛을 낼 수 있어요. 이때 고기를 치대지 말고 최대한 빨리 뭉쳐서 팬에 올리는 것이 중요해요. 그래야 체온에 의해 고기 지방이 녹아나지 않아 맛있거든요. 스테이크를 다진 고기 형태로 굽는다고 생각하면 되겠습니다. 굽는 정도는 각자의 취향에 맞추면 되는데, 저희 집에서는 미디엄 웰(medium well) 정도로 익혀 먹어요.

차돌박이 숙주 볶음

칼로리	지방	단백질	탄수	식이	1인분
476kcal	33.2g	32.5g	12g	2.6g	기준

| 재료 | 1인분

- **차돌박이** 150g
- **숙주** 180g
- **양파**(중간 크기) 1/4개
- **청양고추** 1/2개
- **마늘** 2쪽
- **리퀴드 아미노스** 2~3작은술
- **식초** 1~2작은술
- **참기름** 1/2작은술
- **소금·후추** 약간씩

이름만 들어도 안주 메뉴가 먼저 떠오르긴 하지만 저탄고지 식단에도 아주 좋은 메뉴예요. 굴소스를 쓰지 않는 대신 리퀴드 아미노스에 식초를 약간 더해 감칠맛을 냈습니다.

1. 양파는 채 썰고 청양고추는 얇게, 마늘은 편으로 썰어 준비한다.

2. 깊이가 있는 웍에 차돌박이를 넣고 약간의 소금으로 밑간하며 굽는다.

3. 차돌박이가 구워지며 기름이 나오면 고기를 한쪽으로 몰아놓고 차돌박이 기름에 1의 양파와 마늘을 넣어 볶는다.

4. 양파와 마늘이 볶아지면 청양고추도 넣고 고기와 함께 섞는다.

5. 불을 최대로 키우고 숙주를 넣은 후 볶는다.

6. 숙주가 고루 뜨거워지면 웍 한쪽에 리퀴드 아미노스를 넣고 자글자글 끓인 후 식초를 넣고 최대한 센 불에서 전체적으로 섞으며 볶는다.

7. 불에서 내린 뒤 참기름과 후추를 넣어 섞는다.

> **TIP**
>
> 숙주는 센 불에서 최대한 단시간에 볶아주세요. 약한 불에 볶으면 국물이 생겨 맛이 덜해요.

차돌박이 숙주찜

칼로리	지방	단백질	탄수	식이	1인분
428kcal	29g	32.8g	6g	1.3g	기준

| 재료 | 2인분

- **차돌박이** 300g
- **깻잎** 10~15장
- **팽이버섯** 1봉지
- **부추** 약간
- **숙주** 1봉지(250g)

| 초간장 |

- 리퀴드 아미노스 3 : 식초 2 : 생수 2의 비율로 섞고 다진 파나 청양고추를 약간 추가한다.

〈수요 미식회〉라는 프로그램에 소개돼 유명해진 어느 식당의 차돌 숙주찜이에요. 마침 키토식 초반이었는데 네이버 〈LCHF 라이프스타일〉 카페 회원분이 알려주셔서 만들어 참 맛있게 먹었어요. 찜용 냄비만 있으면 쉽게 만들 수 있어요.

1. 깻잎을 반으로 자른다.

2. 팽이버섯과 부추는 차돌박이의 길이에 맞춰 자른다.

3. 차돌박이를 1장 놓고 깻잎을 올린 후 팽이버섯과 부추를 적당량 넣어 돌돌 만다.

4. 찜용 채반 위에 숙주를 깔고 3의 차돌박이 말이를 얹은 후 김 오른 찜용 냄비에 채반을 넣는다.

5. 뚜껑을 닫고 10분간 찐 후 초간장을 곁들여 먹는다.

표고 번 치즈 버거

칼로리	지방	단백질	탄수	식이	1인분
578kcal	48.7g	30.6g	3.7g	1.2g	기준

| 재료 | 1인분

- 다진 소고기 130g
- 표고(지름이 큰 것) 2장
- 라드 1큰술
- 슬라이스 치즈 1장
- 슬라이스한 토마토 1장
- 베이비 루콜라(또는 어린잎 채소) 약간
- 마요네즈 1/2큰술
- 무설탕 케첩 약간
- 소금·후추 약간씩

지름이 큰 싱싱한 표고를 구하면 햄버거 번 대신 표고를 이용한 버거를 만들어보세요. 소고기와 표고 향이 어우러져서 정말 고급스럽고 맛있답니다!

1. 라드를 두른 팬에 밑동을 떼어내고 손질한 표고를 올려 앞뒤로 굽는다.

2. 다진 소고기를 동글납작하게 뭉친 후 팬에 올려 고기 겉면에만 소금을 뿌려 구워 패티를 굽는다.

3. 2의 소고기 패티 양면을 바삭하고 갈색이 돌게 구운 후 불을 낮추고 후추를 뿌려 속까지 더 익힌다. 이때 슬라이스 치즈를 올려 치즈가 약간 녹아 패티에 달라붙도록 한다.

4. 구운 표고 1장을 접시에 놓고 마요네즈를 바른 후 베이비 루콜라를 얹고 그 위에 토마토 슬라이스와 3의 구운 소고기 패티를 얹는다.

5. 패티 위에 무설탕 케첩을 바르고 구운 표고 1장으로 덮은 후 꼬챙이를 꽂아 고정한다.

갈비살 채소구이

칼로리	지방	단백질	탄수	식이	1인분
618kcal	46.5g	37.2g	13.3g	3.2g	기준

| 재료 | 1인분

- 소갈비살 170g
- 피망(작은 것) 1개
- 양파(중간 크기) 1/2개
- 버섯 100g
- 마늘 1쪽
- 라드 1큰술
- 소금·후추 약간씩

마트 시식 코너에서 소고기를 양파, 피망과 함께 구워 주는 건 이유가 있죠. 구하기 쉬운 재료이면서 맛있는 조합이거든요. 지방이 많은 소갈비살을 이용해 만들면 든든하고 맛있고 도시락 싸기에도 편해서 소갈비살은 170g씩 소분해 얼려두고 필요할 때마다 꺼내어 만들어요. 양파와 피망을 기본으로 집에 있는 다른 채소를 더해도 좋아요.

1. 양파와 피망은 사방 2cm 정도 크기로 자르고 버섯은 종류에 따라 비슷한 크기로 썬다. 마늘은 편으로 썬다.

2. 소갈비살을 팬에 올려 겉면이 노릇해지게 구워 한 입 크기로 자른다.

3. 소갈비살에서 기름이 어느 정도 나오면 라드를 더하고 1의 채소를 넣은 후 센 불에서 볶듯이 굽는다.

4. 소금, 후추로 간한다.

우삼겹살 양상추 볶음

칼로리	지방	단백질	탄수	식이	1인분
623kcal	50.8g	33.4g	7.7g	2.8g	기준

| 재료 | 1인분

- 우삼겹살 160g
- 양상추 200g
- 대파 10cm
- 마늘 1쪽
- 생강채 1작은술
- 건고추 1/2개
- 라드 1½큰술
- 리퀴드 아미노스 1큰술
- 식초 2작은술
- 후추 약간

양상추를 볶아서 먹어보셨나요? 기름을 넉넉히 두르고 센 불에 휘리릭 볶은 양상추는 아삭하면서도 부드러워 아주 맛있어요. 우삼겹살을 함께 볶으면 한 끼 식사로도 충분해요.

1. 대파는 잘게 썰고 마늘은 편으로 썬다. 건고추는 0.5cm 두께로 썬다.

2. 웍에 우삼겹살을 구워 덜어낸다.

3. 2의 웍에 라드를 더하고 대파를 볶다가 마늘편, 생강채, 건고추를 함께 볶아 기름에 향이 배게 한다.

4. 불을 세게 키운 후 리퀴드 아미노스와 식초를 넣어 바글바글 끓으면 양상추를 먼저 넣고 대충 섞은 후 2의 구운 우삼겹살을 넣고 양상추의 숨이 살짝 죽도록 센 불에서 단시간 볶는다.

5. 후추를 넣고 섞어 마무리한다.

케밥치치

칼로리	지방	단백질	탄수	식이	1인분
747kcal	60.4g	30.4g	22.4g	6.3g	기준

케밥치치(cevapcici)는 보스니아 여행 때 맛있게 먹었던 메뉴인데, 요즘도 가끔 생각이 나요. 발칸 지역의 국민 음식이라는데 보통 밥이나 피타 브레드를 곁들여 먹지만 키토식에서는 밥과 빵 대신 사워크림과 구운 채소를 곁들여도 한 끼 식사로 훌륭해요. 모로코식 코프타의 미트볼 반죽을 만들어 길쭉한 타원형으로 빚어 구우면 케밥치치가 됩니다.

| 재료 | 2인분

- 간 소고기 300g
- 라드 2큰술
- 오이 1개
- 단호박 200g
- 방울양배추 200g
- 사워크림 100ml
- 소금·후추 약간씩

| 미트볼 양념 |

- 다진 **양파** 1/4개 분량
- 다진 **마늘** 1작은술
- 말린 **오레가노** 1/2작은술
- **파프리카 가루** 1/2은술
- **큐민 가루** 1꼬집
- **소금·후추** 약간씩

1. 간 소고기에 미트볼 양념을 넣어 고루 치댄 후 길쭉한 타원 모양으로 빚는다.

2. 팬에 라드를 두르고 미트볼을 넣어 겉면을 구운 뒤 불을 줄여 속까지 익힌다.

3. 단호박은 0.5cm 두께로 자르고 방울양배추는 반을 갈라 라드를 두른 팬에 노릇하게 구우면서 소금, 후추로 간한다. 오이는 0.5cm 두께로 잘라둔다.

4. 구운 케밥치치, 단호박, 방울양배추를 오이와 함께 사워크림을 곁들여 먹는다.

우삼겹살 미나리 말이

칼로리	지방	단백질	탄수	식이	1인분
645kcal	46.4g	43.7g	12.7g	4.1g	기준

| 재료 | 2인분

- 우삼겹살 400g
- 미나리 200g
- 라드 1큰술
- 소금·후추 약간씩

| 된장찌개 재료 |

- **멸치 육수** 적당량
- **집된장** 1~2큰술
- **팽이버섯** 100g
- **청양고추** 2개
- **애호박** 100g
- 다진 **대파** 1큰술
- 다진 **마늘** 1작은술
- **고춧가루** 1작은술

강원도 원주에 있는 어느 식당의 유명한 메뉴인 '고기 말이'를 따라 해봤어요. 지방이 많은 우삼겹살을 이용해 만들고, 원조 식당처럼 고기 말이를 굽고 난 팬에 된장찌개를 끓여 먹으면 개운해요.

1. 우삼겹살을 나란히 붙여서 펼쳐놓고 소금과 후추를 약간 뿌린 후 손질한 미나리를 올려 돌돌 말아준다.

2. 1을 한 입 크기로 잘라놓는다.

3. 애호박은 나박나박 썰고, 청양고추는 송송 썰어둔다.

4. 예열한 무쇠 팬에 라드를 녹이고 잘라 둔 우삼겹살 미나리 말이를 나란히 올려 구워 먹는다.

5. 우삼겹살 미나리 말이를 다 구워 먹은 다음 그 무쇠 팬에 멸치 육수 적당량을 붓고 된장을 풀어 간을 맞춘 뒤 3의 재료와 나머지 된장찌개용 재료를 넣고 보글보글 끓여 먹는다.

캠핑 쉬쉬케밥

칼로리	지방	단백질	탄수	식이	1인분
719kcal	49.3g	54.3g	12g	2.4g	기준

| 재료 | 4인분

- **부채살** 800g
- **양파**(큰 것) 1개
- **피망**(큰 것) 1개
- **파프리카**(큰 것) 1개
- **아보카도 오일** 2큰술
- **소금·후추** 약간씩

| 고기용 양념 |

- **아보카도 오일** 2큰술
- **리퀴드 아미노스** 1큰술
- **발사믹 식초** 1큰술
- **우스터소스** 1큰술
- **디종 머스터드** 1/2큰술
- 다진 **마늘** 2작은술
- **소금** 1/8작은술
- **후추** 1/4작은술

케밥 중에 꼬치에 끼워 구운 걸 쉬쉬케밥이라고 해요(쉬쉬는 터키어로 꼬챙이라는 뜻). 친구네 식구랑 캠핑 갔을 때 숯불에 구워 먹었는데 정말 맛있었어요. 물론 뭐든지 숯불에 구우면 맛있긴 하지만요. 친구가 정말 맛있다며 꼭 롯데호텔에서 먹는 맛이라고 해서 빵 터졌던 기억이 있어요. 왜 많고 많은 호텔 중 롯데였는지?!

1. 부채살은 사방 3cm 정도 사이즈로 큼직하게 자른 후 고기용 양념에 고루 버무려 지퍼백에 담아 24시간 냉장고에 둔다.

2. 나무 꼬치를 사용할 경우 구울 때 타지 않도록 미리 물에 담가 충분히 적셔 둔다.

3. 양파, 피망, 파프리카는 1의 고기 크기와 비슷하게 잘라 아보카도 오일과 소금, 후추를 뿌려 고루 버무려둔다.

4. 꼬치에 고기와 채소를 골고루 끼운 후 굽는다(이때 양 끝에는 고기를 끼워야 구울 때 재료가 빠지지 않는다).

필리 치즈 스테이크

칼로리	지방	단백질	탄수	식이	1인분
802kcal	64.3g	42g	14.1g	4.1g	기준

재료 | 2인분

- 우삼겹살 300g
- 양배추 200g
- 양파(중간 크기) 1개
- 피망 1개
- 프로볼로네 치즈(또는 체더치즈) 4장
- 파르메산 치즈 가루 1큰술
- 소금·후추 약간씩

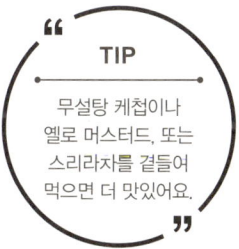

TIP

무설탕 케첩이나 옐로 머스터드, 또는 스리라자를 곁들여 먹으면 더 맛있어요.

얇게 썬 고기와 녹인 치즈를 빵에 넣어 만든 샌드위치의 원조가 필라델피아래요. 그래서 필라델피아의 애칭인 필리란 이름이 붙었어요. 양배추와 피망 등의 채소를 함께 볶고 기름기 많은 우삼겹살을 이용해 만들어 치즈를 듬뿍 녹여주면 빵이 없어도 한 끼로 든든하고 맛있어요. 모차렐라 치즈를 사용해도 어울려요.

1. 양배추, 양파, 피망은 모두 가늘게 채 썰어 준비한다.

2. 프라이팬에 우삼겹살을 구워 소금, 후추로 간한 뒤 덜어낸다.

3. 우삼겹살을 구우며 나온 기름에 1의 양배추, 양파, 피망을 볶고 소금, 후추로 간한다.

4. 3의 채소에 2의 우삼겹살을 넣고 파르메산 치즈 가루를 뿌려 고루 섞은 후 간을 본다. 모자라는 간은 소금, 후추로 맞춘다.

5. 4에 프로볼로네 또는 체더치즈를 얹고 뚜껑을 덮고 익혀 치즈가 녹으면 먹는다.

양념 LA갈비구이

칼로리	지방	단백질	탄수	식이	1인분
654kcal	52.4g	39.1g	4.3g	0.8g	기준

| 재료 | 4인분

- LA갈비 1kg
- 양파 150g
- 대장부 3큰술
- 리퀴드 아미노스 3큰술
- 에리스리톨 2큰술
- 참기름 1큰술
- 다진 마늘 1큰술
- 대파 1/3대
- 물 2큰술
- 아보카도 오일 1큰술
- 후추 약간
- 라드 2큰술(갈비 구울 때 쓸 것)

3형제 집안의 맏며느리인 저는 명절이면 LA갈비를 양념해서 가져가요. 저랑 남편이 저탄고지 식단을 시작하고 나서는 제가 만들어 가는 LA갈비의 단맛이 확 줄었어요. 시부모님이나 시댁 식구들이 저탄고지 식단에 동참해주시지는 않지만 단맛이 덜한 LA갈비구이는 맛있게 드셔주십니다. 밥 없이 먹는 양념 갈비구이는 왠지 허전할 것 같지만 저희는 달걀 프라이랑 먹는 걸 좋아해요.

1. LA갈비는 물에 한 번 헹궈 키친타월로 물기를 닦아놓는다.

2. 양파와 대장부를 믹서에 넣어 곱게 간 후 LA갈비와 버무려 10분간 재운다.

3. 2에서 고기를 건져내고, 남은 양파 국물에 나머지 양념을 모두 넣어 잘 섞는다.

4. LA갈비를 한 줄씩 양념에 담갔다가 꺼내 보관 용기에 차곡차곡 담고 남은 양념을 고루 부은 후 하루 이상 냉장고에서 재운다.

5. 라드를 녹인 팬에 LA 갈비를 굽는다.

부추 보쌈

칼로리	지방	단백질	탄수	식이	1인분
968kcal	80.4g	49.6g	10.6g	2.9g	기준

| 재료 | 2인분

· **삼겹살**(보쌈용 덩어리) 500g

· **양파** 1/2개

· **대파** 1대

· **생강** 1톨(지름 2cm 크기)

· **통후추** 20알

· **굵은소금** 약간

· **대장부** 적당량

· **부추** 200g

· **햄프시드 쌈장**(281쪽 참고) 2인분

돼지고기를 삶을 때 소금과 향신 채소류만 넣어도 깔끔하고 맛있어요. 고기를 삶아 낸 물에 부추를 살짝 익혀 같이 먹으면 따로 채소 메뉴를 준비하지 않아도 되니 편해요.

1. 삼겹살 덩어리가 충분히 잠길 만큼 찬물을 붓고 양파, 대파, 생강, 통후추, 굵은소금을 넣은 뒤 대장부를 냄비 주위로 두 바퀴 돌려 부어 불에 올린다.

2. 삼겹살을 젓가락으로 찔러 핏물이 배어나오지 않을 때까지 뚜껑을 열고 삶은 후(물이 끓기 시작한 때부터 약 40~50분) 고기는 건져낸다.

3. 고기를 삶은 물에 부추를 살짝 익도록 데쳐 건져 놓는다.

4. 햄프시드 쌈장을 곁들여 먹는다.

> **TIP**
> 고기를 삶을 땐 향신 재료를 넣는 것도 중요하지만 잡내가 날아가도록 뚜껑을 연 상태에서 삶는 게 더 중요해요.

"
TIP

브로콜리, 아스파라거스,
당근, 주키니 등 단단하고
구웠을 때 맛있는 채소라면
어떤 것이든 넣어도
됩니다.
"

베지터블 해시

칼로리	지방	단백질	탄수	식이	1인분
613kcal	45.5g	27g	23g	7.5g	기준

| 재료 | 2인분

- 베이컨 200g
- 단호박 150g
- 표고버섯 3장
- 양파 100g
- 방울양배추 150g
- 그린빈스 100g
- 라드 4큰술
- 달걀 프라이(또는 수란) 4개
- 소금·후추 약간씩
- 타임(또는 오레가노) 약간(선택 사항)

'구운 채소가 이렇게 맛있구나!' 하고 매번 감탄하게 하는 메뉴예요. 물론 베이컨 같은 고기류가 부재료로 듬뿍 들어가긴 하지만요! 저는 여기에 달걀 프라이나 수란을 곁들이는 걸 좋아하는데 흐르는 달걀노른자를 소스 삼아 채소와 함께 먹으면 정말 맛있답니다. 프라이팬에 노릇노릇 굽듯 데워도 맛있어서 넉넉히 만들어두고 먹기에도 좋아요. 해시는 역시 무쇠 팬에 기름을 넉넉히 둘러 바닥을 싹싹 긁어주며 만들어야 제맛입니다.

1. 단호박은 0.5~1cm 두께의 한 입 크기로 자르고, 양파와 표고는 사방 2cm 크기로 자른다. 방울양배추는 반으로 가르고 그린빈스는 2~3cm 길이로 자른다.

2. 베이컨을 프라이팬에 바삭하게 구워 덜어낸 후 잘게 자른다.

3. 베이컨에서 나온 기름에 라드를 1큰술 더하고 방울양배추를 앞뒤로 구우며 소금으로 간한다(중간 불에서 센 불 유지).

4. 방울양배추가 약간 노르스름해지면 라드를 1~2큰술 추가한 후 단호박을 넣고 함께 굽는다.

5. 단호박이 어느 정도 익으면 남은 나머지 라드를 넣고 그린빈스, 표고, 양파를 넣어 구우며 소금으로 간한다(중간 불에서 센 불 유지).

6. 채소들이 모두 노릇하게 구워지면 허브(선택 사항)와 구워둔 베이컨을 넣고 고루 섞은 뒤 모자라는 간은 소금으로 맞추고 후추를 갈아 넣는다.

7. 달걀 프라이나 수란을 곁들여 먹는다.

[채소를 팬에서 굽는 요령]

채소들을 볶는 게 아니라 노릇하게 구워내야 하니 불은 중간 불 이상의 센 듯한 온도를 유지해주세요. 작은 프라이팬을 쓸 경우 재료가 많으면 팬 온도가 떨어져 채소에서 수분이 나와 질척해질 수가 있어요. 팬이 작을 땐 재료를 한 가지씩 따로따로 구워내고 마지막에 구운 채소를 한꺼번에 섞어 데우며 간을 맞춰주세요.

> **TIP** 베이컨 대신 소시지를 넣어도 좋고, 조리된 남은 고기(로스트 비프, 로스트 치킨, 삼겹살구이 등)가 있다면 냉장고에 보관해뒀다가 깍둑썰기 해 넣어도 맛있어요.

구운 채소와 볼로네제 소스

칼로리	지방	단백질	탄수	식이	1인분
674kcal	51g	30g	24g	8.5g	기준

채소를 스테이크처럼 구워 볼로네제 소스를 곁들이면 맛있고 훌륭한 한 끼가 됩니다. 단단하면서도 구웠을 때 맛있는 양배추과의 채소들이 특히 잘 어울려요.

| 재료 | 2인분

- **볼로네제 소스**(272쪽 참고) 400g
- **양배추**(웨지 모양으로 썬 것 200g씩) 2조각
- **방울양배추** 6개
- **아스파라거스** 4줄기
- **소시지** 100g
- **라드** 2큰술
- **파르메산 치즈**(파니지아노 레지아노 또는 그라나 파다노) 약간
- **소금·후추** 약간씩

1. 방울양배추는 반으로 가르고 아스파라거스와 소시지는 적당한 크기로 자른다.

2. 팬에 라드를 두르고 센 불에서 양배추와 방울양배추의 겉면을 노릇하게 구운 후 불을 약간 낮춰 속까지 익힌다. 소금과 후추로 간한다.

3. 아스파라거스와 소시지도 굽는다.

4. 따끈하게 데운 볼로네제 소스와 구운 채소들을 함께 담고 파르메산 치즈를 필러로 얇게 깎아서 올린다.

오코노미야키

칼로리	지방	단백질	탄수	식이	1인분
440kcal	35g	24g	6g	2g	기준

" TIP

양배추를 최대한 가늘게
채 썰어야 반죽과 잘 뭉쳐져
뒤집을 때 훨씬 수월해요.
양배추용 채칼을
사용하면 편해요.
"

| 재료 | 2인분

- 달걀 3개
- 양배추 150g
- 대패 삼겹살 100g
- 새우살 60g
- 라드 1큰술
- 마요네즈 1½큰술
- 무설탕 바비큐 소스 1½큰술
- 파래 가루·가쓰오부시·소금 약간씩

반죽에 전분질 재료가 들어가지 않아 구울 때 뒤집기가 좀 힘들지만 완성된 오코노미야키의 맛은 부족함이 없어요. 무설탕 바비큐 소스가 오코노미야키 소스와 비슷한 맛을 내주니 꼭 곁들여 드셔보세요.

1. 양배추는 최대한 곱게 채 썰어 찬물에 여러 번 헹군 후 샐러드 스피너로 물기를 제거한다.

2. 달걀을 풀어 소금으로 간하고 1의 채 썬 양배추를 섞는다.

3. 팬에 라드를 녹이고 대패 삼겹살을 굽다가 고기의 붉은 기가 없어지면 삼겹살을 한 층으로 펼쳐 깐 다음 2의 양배추 달걀 반죽을 고르게 얹는다.

4. 양배추 달걀 반죽 위에 새우를 얹고 뚜껑을 덮어 중간 불에 2분가량 익힌다.

5. 뒤집을 수 있을 정도로 달걀이 익었으면 뒤집어서 반대쪽 면도 익힌다.

6. 구워진 오코노미야키에 무설탕 바비큐 소스와 마요네즈를 바르고 파래 가루와 가쓰오부시를 뿌려 먹는다.

TIP

풀드 포크를 이용해
풀드 포크 치즈 나초를
만들었어요(115쪽 참고).

풀드 포크

칼로리	지방	단백질	탄수	식이	1인분
217kcal	15.1g	13.1g	4.7g	1g	기준

| 재료 | 15~20인분(1인분 110g)

- 돼지고기(목살 덩어리 또는 저렴한 다른 부위) 1.5kg
- 양파 2개
- 토마토 살사 1병(430g)
- 무설탕 케첩 50g
- 무설탕 바비큐 소스 100g
- 닭 육수(또는 사골 육수) 100g

| 드라이 럽* |

- 양파 가루 1큰술
- 마늘 가루 1큰술
- 칠리 가루 1큰술
- 파프리카 가루 1작은술
- 큐민 가루 1작은술
- 소금 1작은술
- 후추 1/2작은술

✓ 드라이 럽(dry rub): 말린 향신료, 소금 등과 같은 마른 재료를 섞어 만든 럽. 럽(rub)은 문지르다. 비비다의 뜻으로 바비큐를 할 때 고기에 바르는 양념을 말한다.

키토식을 시작하고 초반 100일 정도는 단맛이 나는 재료나 양념을 전혀 먹지 않는 입맛 훈련을 했어요. 이후 조금씩 단맛 나는 메뉴를 먹기 시작할 즈음 '이제는 무설탕 시판 소스들을 이용해 풀드 포크를 만들 수 있겠구나' 하는 생각이 제일 먼저 들었어요. 한국에서 구할 수 있는 무설탕 소스 대부분은 천연 감미료가 아닌 합성 감미료가 들어 있어 아쉬움이 드는 건 사실이지만 풀드 포크를 좋아한다면 꼭 만들어 먹어보세요! 소분해 얼려두면 오믈렛, 타코, 샌드위치 등에 활용할 수 있어 쓸모가 아주 많아요.

1. 드라이 럽 재료를 잘 섞는다.

2. 돼지 목살을 2~3조각으로 큼직하게 자른 다음 드라이 럽을 고루 바른다.

3. 양파를 굵게 채 썰어 압력솥 바닥에 깔고 2의 목살을 얹은 후 토마토 살사, 케첩, 바비큐 소스, 닭 육수를 함께 넣어 압력솥 뚜껑을 닫은 후 불에 올린다.

4. 압력솥의 추가 돌기 시작하면 약한 불로 줄여 1시간 정도 뭉근히 익힌 뒤 불을 끈다. 압력솥의 김이 모두 빠지면 고기를 건져 포크로 찢어둔다.

5. 압력솥을 다시 불에 올리고 남아 있는 국물이 원하는 농도와 맛이 될 때까지 조려 소스를 만든다.

6. 완성된 소스와 찢어 둔 고기를 잘 버무린다.

> **TIP**
>
> 압력솥 대신 슬로 쿠커를 사용해도 좋아요.

하루 이틀 사이에 당장 먹을 것만 빼고 소분해서 냉동해두었다가, 먹기 하루 전에 냉장실로 옮겨 그대로 해동한 뒤 데워 먹으면 편리해요.

돼지 목살 팟 로스트

칼로리	지방	단백질	탄수	식이	1인분
746kcal	55.5g	39.5g	13.5g	3g	기준

재료 | 5인분

- **돼지 목살**(보쌈용 덩어리) 1kg
- **베이컨** 100g
- **버터** 20g
- **양파**(작은 것) 1개
- **셀러리**(한 뼘 길이) 1줄
- **토마토 페이스트** 1큰술
- 단맛 없는 **레드 와인** 1/2컵
- **닭 육수**(또는 사골 육수) 1/2~1컵
- **방울양배추** 2컵(170g)
- **당근**(작은 것) 1개
- **새송이버섯** 3개
- **마스카르포네** 100g
- **월계수 잎** 2장
- **세이지 잎** 5~6장
- **로즈메리** 3~4줄기
- **소금·후추** 약간씩

✓ 1컵 = 240ml

조리 과정이 복잡해 보이지만 이름이 말해주듯 냄비 하나로 만들 수 있는 요리예요. 덩어리째 구운 고기는 보기에도 근사해서 특별한 날이나 손님 초대 요리로도 좋아요. 만들기 어렵지 않고 정말 맛있으니 꼭 시도해보세요.

1. 셀러리와 양파, 베이컨은 잘게 자른다.

2. 당근은 한 입 크기로 자른 뒤 모서리를 칼로 돌려 깎고 새송이버섯도 한 입 크기로 자른다.

3. 무쇠 냄비(또는 오븐용 뚜껑 있는 두꺼운 냄비)에 베이컨을 넣고 볶아 기름을 낸 후 덜어낸다.

4. 목살 덩어리에 소금을 충분히 뿌린 후 3의 냄비에 넣고 베이컨 기름에 돌려가며 중간 불 이상 센 불에 노릇해지도록 겉면을 구워 덜어낸다(시어링 한다).

5. 목살을 구운 냄비에 버터를 녹인 후 1의 양파와 셀러리를 볶는다.

6. 양파가 투명해지면 3의 구운 베이컨, 레드 와인과 토마토 페이스트를 넣고 바닥에 눌어붙은 게 있으면 싹싹 긁어주며 끓인다.

7. 4의 구운 목살을 넣고 방울양배추, 당근, 새송이버섯을 목살 주변에 담은 후 닭 육수를 목살 덩어리가 반 이상 잠기게 붓는다.

8. 월계수, 세이지, 로즈메리를 넣고 뚜껑을 덮어 200℃로 예열한 오븐에 1시간 30분간 굽는다.

9. 다 구워진 목살을 덜어내고 남은 국물에 마스카르포네를 녹이며 살짝 끓이고 소금과 후추로 간하여 소스를 만든다.

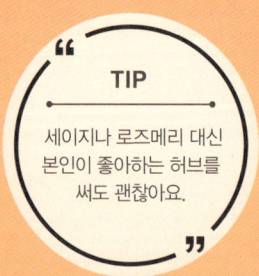

" TIP
세이지나 로즈메리 대신 본인이 좋아하는 허브를 써도 괜찮아요. "

TIP

크림에 익힌 그린빈스를
곁들였어요. 익힌 채소나
샐러드를 곁들이면 맛도
영양도 부족함 없는
한 끼가 됩니다.

무교자

칼로리	지방	단백질	탄수	식이	1인분
762kcal	67g	33g	6.3g	3.1g	기준

│ 재료 │ 3인분

- 다진 **돼지고기** 500g
- **알배기 배춧잎** 5장(200g)
- **부추** 1줌(130g)
- **달걀** 1개
- **라드** 50g
- **리퀴드 아미노스** 1½큰술
- **참기름** 1큰술
- **소금** 1/4작은술
- **후추** 약간
- **무**(지름이 크지 않은 것) 200~300g
- **라드** 2큰술(무교자 구울 때 쓸 것)

키토식을 하다 보면 겉은 바삭, 속은 촉촉한 야키 교자가 가끔 그리워지곤 해요. 그 래서 만들게 된 게 '무교자'예요. 무를 얇게 썰어 만두피로 사용하면 촉촉하고 맛있 는 만두소를 충분히 즐길 수 있거든요. 바삭한 만두피는 여전한 숙제지만요!

1. 배추와 부추는 잘게 다진다.

2. 만두피로 쓰기 위해 지름이 작은 무를 골라 슬라이서를 이용해 얇게 썬다.

3. 다진 돼지고기에 라드, 리퀴드 아미노스, 참기름, 소금, 후추를 넣고 젓가락 을 한 손에 쥐고 한 방향으로 저으면서 섞는다.

4. 3에 물을 한 숟가락씩 넣으며(밥숟가락으로 총 4~5번) 윤기와 끈기가 생기게 계속 젓다가 달걀을 넣고 다시 젓는다.

5. 달걀이 고루 섞이면 1의 배추와 부추를 넣고 저어 촉촉하면서도 윤기가 도 는 만두소를 완성한다.

6. 2의 무 만두피에 5의 만두소를 듬뿍 넣은 후 무 만두피를 반으로 접는다.

7. 무교자를 구울 프라이팬에 라드를 바른 후 무교자를 나란히 붙여 올린다.

8. 프라이팬을 불에 올리고 굽다가 만두소의 밑쪽 고기색이 하얗게 변하고 하나를 들췄을 때 무 바닥면이 노릇하게 구워질 무렵 뚜껑을 덮고 5분 정 도 속까지 익힌다.

9. 만두소가 완전히 익으면 뚜껑을 열고 센 불로 올려 남아 있는 수분을 날려 준다.

10 초간장(대패 삼겹살 숙주찜 103쪽 참고)을 곁들여 먹는다.

양배추 롤

칼로리	지방	단백질	탄수	식이	1인분
480kcal	34.9g	25.9g	18.7g	6.3g	기준

| 재료 | 4인분(12개 분량)

- 삶은 **양배춧잎** 12장
- 다진 **돼지고기** 500g
- **양파** 1/4개
- **크림치즈** 60g
- **라드** 1큰술
- 다진 **마늘** 1큰술
- 말린 **오레가노** 2꼬집
- **소금·후추** 약간씩

키토식 초반에 종종 만들어 얼려두고는 가끔씩 꺼내 먹던 고마운 메뉴였어요. 맛있고 든든한 데다 남편 도시락으로도 그만이었거든요. 만드는 법도 간단하여 삶은 양배추에 고기소를 넣고 돌돌 말기만 끝! 몇 개씩 소분해 얼려놓았다가 먹을 때는 언 채로 소스에 넣어 보글보글 익히면 된답니다.

1. 양파를 곱게 다진 후 돼지고기와 나머지 재료를 모두 섞어 골고루 치댄다.

2. 삶은 양배춧잎에 1의 고기소를 얹고 양 가장자리를 오므린 후 돌돌 만다.

3. 3개씩 소분해 얼린다.

다양하게 즐기기

• 로제 소스 양배추 롤
닭 육수(또는 사골 육수)에 토마토 페이스트를 풀고 양배추 롤을 언 채로 넣어 보글보글 끓이다가 생크림을 넣고 핑크색이 돌도록 조린다.

• 토마토 치즈 양배추 롤
닭 육수(또는 사골 육수)에 토마토 펄프를 넣고 양배추 롤을 언 채로 넣어 보글보글 끓이다가 체더치즈를 듬뿍 얹고 뚜껑을 덮어 치즈를 녹인다.

• 크림 양배추 롤
닭 육수(또는 사골 육수)에 양배추 롤을 언 채로 넣어 익히다가 생크림과 간 파르메산 치즈를 넣고 졸이듯 익힌다.

TIP	생 양배추 잎은 찢어지지 않게 한 장씩 벗기기가 힘들어요. 자르지 않은 통양배추의 심 부분을 과도로 도려낸 후 양배추가 잠길 만큼의 끓는 소금물에 통째로 넣어 삶으면서 익은 잎을 겉부터 한 장씩 벗겨내면 찢어지지 않게 양배추 잎을 삶을 수 있어요. 필요한 만큼만 익혀 벗겨 쓰고 익지 않은 속 부분은 보관했다가 다른 곳에 쓰면 됩니다.

TIP

불을 끈 뒤에 참기름을
한 방울 떨어뜨려
섞어주면 풍미가 더욱
좋아진답니다.

삼겹살 셀러리 볶음

칼로리	지방	단백질	탄수	식이	1인분
684kcal	56.7g	35.1g	6.2g	1.9g	기준

| 재료 | 2인분

- 삼겹살(구이용) 400g
- 셀러리 5줄기
- 대장부 1½큰술
- 홍고추 1개
- 청양고추 1개
- 생강채 1½큰술
- 마늘 2쪽
- 리퀴드 아미노스 1½큰술
- 식초 1½큰술
- 후추 약간

셀러리를 사놓고 잘 안 먹어진다면 삼겹살과 함께 볶아서 드셔보세요. 향신채소로 향을 더해 센 불로 볶아내면 중국요리 느낌이 나면서 맛있거든요. 셀러리를 좋아하지 않아도 맛있게 먹을 수 있는 요리라 셀러리 1단 정도는 금세 먹을 수 있어요. 굴소스를 사용하지 않는 대신 리퀴드 아미노스로 간을 맞추고 식초 약간으로 감칠맛을 내줍니다. 식초가 들어간다고 새콤한 맛이 나지는 않아요.

1. 셀러리는 어슷하게 썰고 청양고추와 홍고추는 얇게 송송 썰고 마늘은 편으로 썬다.

2. 팬에 삼겹살을 굽다가 고기의 붉은 기가 없어지면 대장부를 넣어 뒤적거리다가 불을 낮춰 2의 마늘편, 생강채를 넣고 고기와 함께 볶아 향을 낸다.

3. 마늘과 생강 향이 나면 불을 세게 올리고 셀러리와 청양고추, 홍고추를 넣어 함께 볶는다.

4. 셀러리가 뜨거워지면 팬 한쪽에 리퀴드 아미노스와 식초를 넣어 자글자글 끓인 후 모두 골고루 섞는다.

전자레인지를 사용할 수 있다면
도시락 메뉴로도 좋아요.

새우젓 주물럭

칼로리	지방	단백질	탄수	식이	1인분
678kcal	55.6g	35.3g	7.6g	1g	기준

| 재료 | 3인분

- 다진 **돼지고기** 600g
- **양파** 200g
- **새우젓** 2큰술
- 다진 **마늘** 1/2큰술
- **참기름** 1큰술
- 에리스리톨 1작은술
- **라드** 2큰술

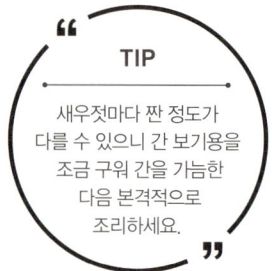

TIP

새우젓마다 짠 정도가
다를 수 있으니 간 보기용을
조금 구워 간을 가늠한
다음 본격적으로
조리하세요.

오래전 '82쿡'이라는 사이트에서 인기 높았던 메뉴예요. 인기의 비결은 간단한 재료와 만들기 쉬운 데 비해 결과물이 훌륭하다는 것. 재료를 약간만 변형하면 키토식으로도 괜찮아서 가끔 만들어 먹고 있어요.

1. 양파는 씹는 맛이 있도록 너무 잘지 않게 다진다.

2. 1의 양파와 나머지 재료를 고루 섞어 잘 치댄다.

3. 팬에 반죽을 조금만 구워 간을 본다(싱겁다면 새우젓을 추가해 간을 맞춘다).

4. 라드를 녹인 팬에 반죽을 한 숟가락씩 떼어 올려 중간 불에 서서히 굽는다.

베트남식 돼지고기 구이 쌈

칼로리	지방	단백질	탄수	식이	1인분
499kcal	37g	26.9g	14g	2.7g	기준

| 재료 | 2인분

- 돼지 앞다리살(불고기용) 300g
- 라드 1큰술
- 상추 12장
- 오이 1개
- 실곤약 1봉지(200g)
- 고수 1줌
- 고추 액젓 소스(280쪽 참고) 2인분

| 고기용 양념 |

- 양파 1/4개
- 액젓 1큰술
- 아보카도 오일 1큰술
- 에리스리톨 1큰술
- 대장부 2큰술
- 다진 마늘 1/2큰술

돼지고기를 액젓으로 양념하는 게 생소하게 들릴 수 있지만 그렇게 구워서 먹어보면 우리에게 아주 익숙한 돼지갈비 맛이 나요. 양념 돼지고기를 숯불에 구워서 밥 위에 얹어 내는 메뉴는 외국의 베트남 식당에 가면 꼭 시켜 먹던 거예요. 밥 대신 오이채와 실곤약을 고기와 함께 쌈을 싸서 먹으면 풍성하고 맛있어요. 여름에 꼭 생각나는 맛이에요.

1. 고기용 양념 재료를 모두 믹서에 넣어 간 뒤 고기에 버무려 30분 이상 재운다.

2. 팬에 라드를 녹이고 1의 고기를 올려 앞뒤로 노릇하게 굽는다(볶지 말고 한 장씩 펼쳐서 굽는다).

3. 오이는 채 썰고 고수는 먹기 좋게 잘라 구운 고기, 실곤약과 함께 상추에 싸서 먹는다.

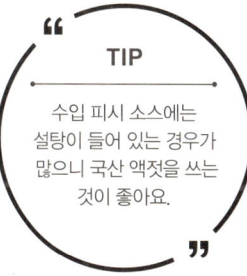

"
TIP

수입 피시 소스에는 설탕이 들어 있는 경우가 많으니 국산 액젓을 쓰는 것이 좋아요.
"

TIP

만두볼을 넉넉히 만들어
냉동했다가 시골 육수에
언 채로 넣고 끓이면
만둣국이 됩니다.

김치 만두볼

칼로리	지방	단백질	탄수	식이	1개 기준
87kcal	7.4g	4.4g	0.7g	0.2g	

| 재료 | 16개 분량

- 다진 **돼지고기** 400g
- 국물 꼭 짠 익은 **김치** 100g
- **양파** 50g
- 다진 **대파** 3큰술
- **리퀴드 아미노스** 1큰술
- **참기름** 1/2큰술
- **라드** 2큰술
- **고춧가루** 1작은술
- **소금** 1꼬집
- **후추** 약간

김장 김치가 맛있게 익은 쌀쌀한 겨울날, 김치 만둣국이 먹고 싶어서 만두피가 없는
김치 만두(만두볼)를 만들어봤어요. 만두피가 퉁퉁 불어터질 걱정이 없으니 도시락
메뉴로도 좋아요.

1. 국물을 꼭 짠 김치와 양파는 잘게 다진다.

2. 돼지고기에 모든 재료를 넣고 잘 치대어 만두소를 만든 후 40g씩 떼어내
   어 큼직한 미트볼 형태로 빚는다(16개 나옴).

3. 넓은 쿠기 팬에 미트볼을 펼쳐 담고 200℃로 예열한 오븐에 20분간 굽는다.

> **TIP** | 오븐이 없는 경우는 프라이팬에 겉면만 굽듯 익힌 후 육수에 넣고 속까지 익
> 혀 만둣국을 끓이면 됩니다.

대패 삼겹살 숙주찜

칼로리	지방	단백질	탄수	식이	1인분
714kcal	56.8g	41.1g	8.4g	3.7g	기준

| 재료 | 2인분

· 대패 삼겹살 400g

· 숙주 500g

· 부추 100g

· 생강편 약간

· 대장부 적당량

| 초간장 |

리퀴드 아미노스 3 : 식초 2 : 생수 1의 비율로 섞고 채 썬 생강을 넣는다.

1. 물을 담은 찜용 냄비에 채반을 넣고 채반 위에 숙주-적당히 자른 부추-대패 삼겹살-생강편 순서로 두 번 반복해 담는다.

2. 1에 대장부를 한두 바퀴 두른 후 뚜껑을 덮고 불에 올려 센 불에 5분간, 약한 불로 줄여 5분간 익힌다(고기 색을 확인해 덜 익었으면 시간을 늘린다).

3. 재료대로 초간장을 만들어 고기와 채소를 찍어 먹는다.

구운 보쌈

칼로리	지방	단백질	탄수	식이	1인분
827kcal	70.5g	43.1g	1.5g	0g	기준

| 재료 | 2인분

- **삼겹살**(보쌈용 덩어리) 500g

아무런 부재료 필요 없이 냄비 하나만 있으면 만들 수 있고 삼겹살 구이보다 기름이 덜 튀어서 뒷정리도 편해요. 겉은 바삭하게 구운 삼겹살 느낌이고 속은 촉촉한 보쌈 같아요.

TIP

삼겹살을 구울 때 나온 기름에 채소류를 구워 함께 먹으면 좋아요. 저는 삽겹살용 고기를 굽고 남은 기름에 콩나물 파무침(179쪽 참고)을 구워 먹기도 하고 부추 무침을 잔뜩 만들어 곁들여 먹거나 고기 기름에 살짝만 익도록 구워 먹기도 해요.

1. 예열한 스테인리스 냄비에 삼겹살 덩어리를 통째로 넣고 뚜껑을 덮은 뒤 약한 불에 10분간 굽는다.

2. 한 면이 구워지면 옆으로 돌려 나머지 3면 모두 10분씩 뚜껑을 덮고 약한 불에 굽는다.

3. 4면이 모두 구워지면 처음 구웠던 면을 바닥으로 가게 놓고 불을 끈 후 뚜껑을 덮어 10분간 둔다.

4. 먹기 좋게 썰어 낸다. (구운 채소류를 곁들이면 좋다.)

대패 삼겹살 파볶음

칼로리	지방	단백질	탄수	식이	1인분
727kcal	57.2g	38.3g	15.2g	4.8g	기준

| 재료 | 1인분

• 대패 삼겹살 200g
• 대파 200g
• 리퀴드 아미노스 1½작은술
• 식초 1작은술
• 소금·후추 약간씩

일본 드라마 〈고독한 미식가〉의 한 에피소드에 나온 돼지고기 파볶음은 정말 맛있어 보여요. 드라마 속에서는 폰즈를 넣어 볶지만 고기와 동량의 대파를 넣어 볶으면 양도 풍성해지고 센 불에 구워낸 대파의 향 덕분에 특별한 양념이 없어도 맛있어요.

1. 대패 삼겹살을 팬에 올리고 소금, 후추를 뿌리며 구워 살짝 노릇해지기 시작하면 덜어낸다.

2. 삼겹살 기름이 남아있는 1의 팬에 어슷하게 썬 대파를 넣고 센 불에서 굽듯이 볶으며 소금, 후추로 간한다.

3. 1의 구운 대패 삼겹살을 2에 넣고 섞는다.

4. 팬 한쪽에 리퀴드 아미노스와 식초를 넣어 바글바글 끓인 후 삼겹살, 대파와 함께 고루 섞으며 볶는다.

TIP

밀가루가 들어있지 않기 때문에 지름이 작은 팬에 부쳐야 뒤집을 때 수월해요.

돼지고기 대파 파전

칼로리	지방	단백질	탄수	식이	1인분
544kcal	43.1g	30g	8.7g	2.5g	기준

| **재료** | **1인분**(1장 분량)

• 다진 **돼지고기** 100g

• **달걀** 2개

• **대파** 1대

• **라드** 1큰술

| **고기용 양념** |

• 다진 **양파** 1큰술

• 다진 **마늘** 1/8작은술

• **액젓** 1/8작은술

• **참기름** 1/8작은술

• **소금** 1꼬집

• **후추** 약간

갖은 양념으로 밑간한 다진 돼지고기와 대파를 함께 굽다가 달걀물을 부어 전을 부쳐보세요. 맛있고도 간편한 대파전이 완성됩니다.

1. 다진 돼지고기에 고기용 양념을 넣고 고루 섞는다.

2. 대파를 3cm 길이로 자른 뒤 반으로 가른다.

3. 프라이팬에 라드를 녹이고 1의 양념한 돼지고기를 군데군데 펴 올린 후 빈 자리에는 대파를 올린다.

4. 고기 밑면이 충분히 익었다 싶으면 달걀을 풀어 소금으로 간한 뒤 고기 위에 고루 부어 익힌다.

5. 뒤집을 수 있을 정도로 달걀이 익으면 뒤집어 익힌다.

된장 삼겹살찜

칼로리	지방	단백질	탄수	식이	1인분
876kcal	71.2g	46.7g	9.2g	0.2g	기준

| 재료 | 2인분

- **삼겹살**(보쌈용 덩어리) 500g
- **양파**(큰 것) 1개
- **대파** 1대
- **집된장** 3큰술
- **대장부** 2큰술
- **다진 마늘** 1큰술

TIP

냄비 바닥에서 녹진하게 익은 양파를 같이 먹으면 맛있지만 탄수화물 양은 좀 추가됩니다. 활동량이 많은 남편을 위한 도시락에는 바닥에 깔았던 양파도 함께 넣어주지만 저는 국물만 소스 삼아 끼얹어 먹어요. 표기된 탄수화물 양은 양파를 포함하지 않은 거예요.

보통은 된장을 푼 물에 삼겹살을 익혀 보쌈을 만들지만 된장 양념을 발라 저수분으로 찌듯이 삼겹살을 익혀도 맛있는 보쌈이 됩니다. 액젓이나 국간장, 고춧가루, 생들기름, 다진 마늘로 양념한 부추무침과 함께 먹으면 어울려요.

1. 양파는 굵직하게 채 썰고 대파는 한 뼘 길이로 자른다.

2. 집된장, 대장부, 다진 마늘을 잘 섞어 삼겹살 겉면에 고루 바른다.

3. 냄비에 양파를 깔고 양념을 바른 삼겹살을 올린 후 대파로 삼겹살을 덮은 다음 냄비 바닥 쪽으로 물 100ml를 붓고 뚜껑을 덮어 센 불에 올린다.

4. 냄비의 물이 끓으면 약한 불로 줄이고 45분~1시간 정도 익힌다.

5. 접시에 익은 고기를 먹기 좋게 썰어 담고 남은 국물을 고기에 끼얹어 낸다.

돼지고기 콩나물 불고기

칼로리	지방	단백질	탄수	식이	1인분
842kcal	60.7g	52g	25.7g	8.9g	기준

| 재료 | 2인분

- 대패 삼겹살 400g
- 콩나물 500g
- 새송이버섯 2개
- 깻잎 30장
- 대파 1대

| 양념장 |

- 집된장 1큰술
- 고춧가루 3큰술
- 에리스리톨 2큰술
- 대장부 2큰술
- 리퀴드 아미노스 2큰술
- 다진 마늘 1큰술
- 후추 약간

키토식을 열심히 실천하다가도 가끔 매콤하고 달짝지근한 양념이 밴 한식 메뉴를 먹고 싶어질 때가 있어요. 그럴 때 갈증을 해소시켜줄 수 있는 요리예요. 꽤 달달하니 키토식 초반 입맛에서 단맛을 빼는 훈련 중이거나 단맛을 싫어하는 사람은 에리스리톨 양을 줄여도 좋아요.

1. 양념장 재료를 고루 섞는다.

2. 깊이가 있는 웍에 콩나물을 깔고 새송이버섯을 먹기 좋게 잘라 올린 후 대패 삼겹살을 얹고 대파를 어슷하게 썰어 올린다.

3. 그 위에 양념장을 얹고 깻잎을 손으로 찢어 수북이 올린 후 뚜껑을 덮지 않고 불에 올린다.

4. 열이 가해지면서 콩나물에서 수분이 나와 바닥에 물이 생기면 골고루 섞으며 볶는다.

5. 고기가 익고 양념이 어느 정도 졸아들면 먹는다.

TIP

고기와 양배추만 먹기
심심하다면 꽈리고추를
기름에 튀기듯 구워
같이 먹어도 좋아요.

쇼가야키와 양배추 샐러드

칼로리	지방	단백질	탄수	식이	1인분
579kcal	44.8g	34.9g	8.9g	3.7g	기준

| 재료 | 2인분

- 돼지 앞다리살(불고기용) 400g
- 라드 1큰술
- 양배추 300g

| 조림용 양념 |

- 리퀴드 아미노스 1½큰술
- 대장부 3큰술
- 에리스리톨 1큰술
- 식초 1작은술
- 생강 1톨(엄지손가락 크기)

| 양배추용 드레싱 |

- 리퀴드 아미노스 4작은술
- 화이트 와인 식초 4작은술
- 올리브 오일 2큰술

생강 향이 돌면서 달작지근하고 윤기 나게 구운 돼지고기는 생각하는 것만으로도 쌀밥을 부르는 메뉴죠? 밥 대신 양배추 채와 함께 먹으면 맛도 좋고 포만감도 있어요. 대신 양배추는 최대한 곱게 썰어야 양념된 고기와 함께 먹기에 식감이 어울려요.

1. 조림용 양념 재료 중 생강을 얇게 저며 나머지 재료와 잘 섞는다.

2. 양배추는 전용 채칼로 가늘게 썰어 찬물에 여러 번 헹군 후 샐러드 스피너로 물기를 제거한다.

3. 팬에 라드를 녹이고 돼지 앞다리살을 굽다가 고기가 80~90% 정도 익으면 조림용 양념을 넣는다. 고기를 앞뒤로 계속 뒤집으며 양념이 전부 스며들 때까지 조린다.

4. 3의 고기와 함께 2의 채 썬 양배추를 담고 양배추 위에 드레싱을 끼얹는다.

> TIP
>
> 말린 파슬리 대신
> 고수나 쪽파를 넉넉히
> 다져 넣어도
> 맛있어요.

치즈 미트볼

칼로리	지방	단백질	탄수	식이	7개
407kcal	31.1g	27.3g	3.6g	0.4g	기준

재료 | 5인분(35개 분량)

- 다진 **돼지고기** 500g
- 다진 **양파** 100g
- **슈레드 파르메산 치즈** 150g
- 다진 **마늘** 1큰술
- **달걀** 1개
- 말린 **파슬리** 2큰술
- **후추** 약간

저는 치즈 미트볼을 미리미리 만들어 냉동실에 상비해두고 있어요. 크림소스나 토마토소스에 넣어서 주키니 면(주키니 호박을 면 형태로 썬 것)이나 오믈렛에 곁들이는 등 활용도가 좋고 도시락 메뉴로도 좋거든요. 미트볼은 구운 후 냉동 보관해야 바로 소스 등에 넣어 데울 수 있어 편해요. 미트볼만 따로 먹기보다는 소스에 넣거나 국물 있는 음식에 곁들이는 경우가 많으므로 7개 정도를 1인분으로 생각하면 됩니다.

1. 모든 재료를 고루 섞어 치대어 미트볼 반죽을 만든다.

2. 1의 반죽을 24g씩 떼어낸 뒤 동그랗게 빚어 미트볼 35개를 만든다.

3. 180℃로 예열한 오븐에 넣어 30분간 굽는다.

> **TIP** | 치즈는 슈레드 형태라면 어떤 종류든 상관없지만 치즈에 따라 미트볼의 간이 달라질 수 있어요.

TIP

매시드 콜리플라워와
같이 먹으면 맛있고
든든한 한 끼로
충분해요.

토마토소스 미트볼 오븐 구이

칼로리	지방	단백질	탄수	식이	1인분
668kcal	46.7g	44.8g	12.6g	4.7g	기준

| 재료 | 2인분

- **치즈 미트볼**(110쪽 참고) 14개
- **간단 토마토소스**(286쪽 참고) 2국자
  (300g 정도)
- **모차렐라 치즈** 100g
- **파르메산 치즈** 20g

미리 만들어 얼려둔 치즈 미트볼과 토마토소스가 있다면 라면보다도 쉽게 만들 수 있는 요리예요. 매시드 콜리플라워(170쪽 참고)와 함께 먹어도 맛있고 주키니 면이나 오믈렛에 얹어도 어울려요.

1. 오븐 전용 용기에 간단 토마토소스 한 국자를 담은 후 치즈 미트볼을 올리고 나머지 토마토소스 한 국자를 골고루 끼얹는다.

2. 모차렐라 치즈와 파르메산 치즈를 고루 뿌리고 190℃로 예열한 오븐에 20~30분간 굽는다.

아라비아타 가지 미트볼

칼로리	지방	단백질	탄수	식이	1인분
649kcal	51.7g	30.1g	16g	3.8g	기준

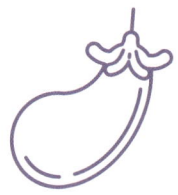

| 재료 | 2인분

- **치즈 미트볼**(110쪽 참고) 14개
- **아라비아타 소스**(278쪽 참고) 300g
- **가지** 1개
- **라드** 2큰술
- **말린 파슬리** 약간
- **생모차렐라 치즈**(또는 부라타 치즈*)적 당량(선택 사항)

✓ 부라타(burrata) 치즈: 소의 젖이나 버팔로 젖으로 만든 이탈리아 치즈 중 하나. 치즈 외피는 내부에 비해 상대적 으로 단단하지만 내부는 모차렐라와 크 림의 특성이 함께 나타나 부드러운 맛 이 난다. 부라타는 이탈리아어로 '버터 를 바른'이란 뜻이다.

미리 만들어 얼려둔 치즈 미트볼이 있으면 아라비아타 소스와 함께 파스타를 만들 어보세요. 파스타 면 대신 구운 가지를 넣어 만들고 부드러운 부라타나 생모차렐라 치즈를 뜯어 올려 함께 먹으면 얼마나 맛있는지 몰라요.

1. 가지를 도톰하게 잘라 라드를 녹인 프라이팬에 올려 센 불에서 노릇하게 앞뒤로 굽는다.

2. 1의 팬에 치즈 미트볼과 아라비아타 소스를 넣어 뜨겁게 데운다.

3. 생모차렐라 치즈나 부라타 치즈를 뜯어서 올리고 말린 파슬리를 뿌려 먹 는다.

크림소스 미트볼

칼로리	지방	단백질	탄수	식이	1인분
788kcal	66g	37.4g	11.8g	3.1g	기준

| 재료 | 2인분

- **치즈 미트볼**(110쪽 참고) 14개
- **생크림** 150ml
- **닭 육수**(또는 사골 육수) 150ml
- **파르메산 치즈**(파미지아노 레지아노
  또는 그라나 파다노) 40g
- **시금치** 100g
- 데친 **브로콜리** 100g
- **소금·후추** 약간씩

미리 만들어 얼려둔 치즈 미트볼이 있으면 크림소스 미트볼을 만들어도 맛있어요. 생크림만으로 만들면 소스가 금세 졸아드니 생크림에 닭 육수(혹은 사골육수)를 더해 미트볼이 속까지 따끈해지도록 충분히 끓여요.

1. 냄비에 치즈 미트볼을 담고 생크림과 닭 육수를 부어 끓인다.

2. 파르메산 치즈를 갈아서 넣고 시금치와 데친 브로콜리를 넣어 원하는 농도가 될 때까지 저어주며 조린다.

3. 후추를 뿌리고 모자라는 간은 소금으로 맞춘다.

머스터드 크림소스 폭찹

칼로리	지방	단백질	탄수	식이	1인분
710kcal	52.3g	50.2g	7.4g	1.3g	기준

> ❝
> **TIP**
>
> 폭찹은 두툼할수록
> 구웠을 때 부드럽고
> 맛있으니 두툼한 걸로
> 구입하세요.
> ❞

| 재료 | 2인분

- 두툼한 **폭찹** 2조각(뼈 포함 약 600g)
- **소금·후추** 약간씩
- **라드** 2큰술
- **셀러리** 1줄기
- **양파** 1/2개
- 다진 **마늘** 1작은술
- **닭 육수**(또는 사골 육수) 200ml
- **생크림** 1/3컵
- **디종 머스터드** 1큰술

✓ 1컵 = 240ml

폭찹은 소고기로 치면 스테이크처럼 두툼하게 구워 먹는 돼지고기인데, 보통 갈비뼈와 함께 등심 부위를 붙여 정형해놓은 걸 말해요. 기름기가 많은 부위가 아니니 크림으로 만든 소스를 곁들여 먹으면 맛있기도 하고 지방 비율도 높일 수 있어요.

1. 팬에 라드 1큰술을 녹이고 소금, 후추를 뿌린 폭찹을 올려 중간 불 이상의 센 불에서 앞뒤로 노릇하게 구워 덜어낸다.

2. 고기를 구운 팬에 나머지 라드 1큰술을 녹이고 잘게 썬 셀러리와 양파, 다진 마늘을 볶는다.

3. 2에 닭 육수와 구운 폭찹을 함께 넣고 뚜껑을 덮어 약중간 불에 10분간 익힌다.

4. 폭찹을 꺼내고 남은 국물에 생크림과 디종 머스터드를 넣어 살짝 조린 후 소금, 후추로 간한다.

5. 폭찹 위에 4의 디종 머스터드 크림을 끼얹어 먹는다.

풀드 포크 치즈 나초

칼로리	지방	단백질	탄수	식이	1인분
558cal	41.3g	35g	10.2g	2g	기준

| **재료** | 2인분

- **치차론** 40g
- **풀드 포크**(91쪽 참고) 120g
- **토마토**(중간 크기) 1개
- **양파** 1/4개
- **슈레드 페퍼 잭 치즈**(또는 체더치즈) 100g
- 채 썬 **로메인** 1컵
- **사워크림** 1/2컵
- **할라피뇨** 병절임 약간
- 잘게 다진 **고수**나 말린 **고수**(선택 사항)

✓ 1컵 = 240ml

✓ 치차론(chicharron) : 스페인어로 돼지비계를 의미하며 여기서는 과자처럼 바삭하게 튀긴 돼지껍데기를 말한다. 이 레시피에서는 시판 제품을 사용했다.

나초 대신 치차론*을 이용해 치즈 나초를 만들었어요. 치차론을 그다지 즐겨 먹지는 않지만 풀드 포크와 치즈를 듬뿍 얹어 먹는 치차론은 꽤 맛있어요.

1. 토마토는 수분이 많은 씨 부분을 제거한 뒤 사방 1cm 크기로 깍둑썰기 하고, 양파는 잘게 다진다.

2. 용기에 치차론을 깔고 풀드 포크와 슈레드 페퍼 잭 치즈를 얹어 200℃로 예열한 오븐이나 전자레인지에 넣어 치즈가 녹을 때까지만 익힌다.

3. 녹은 치즈 위에 1의 토마토와 양파, 할라피뇨 병절임, 채 썬 로메인을 얹고 사워크림을 듬뿍 올린 후 고수(선택 사항)를 얹어 먹는다.

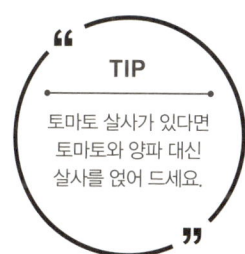

TIP

토마토 살사가 있다면 토마토와 양파 대신 살사를 얹어 드세요.

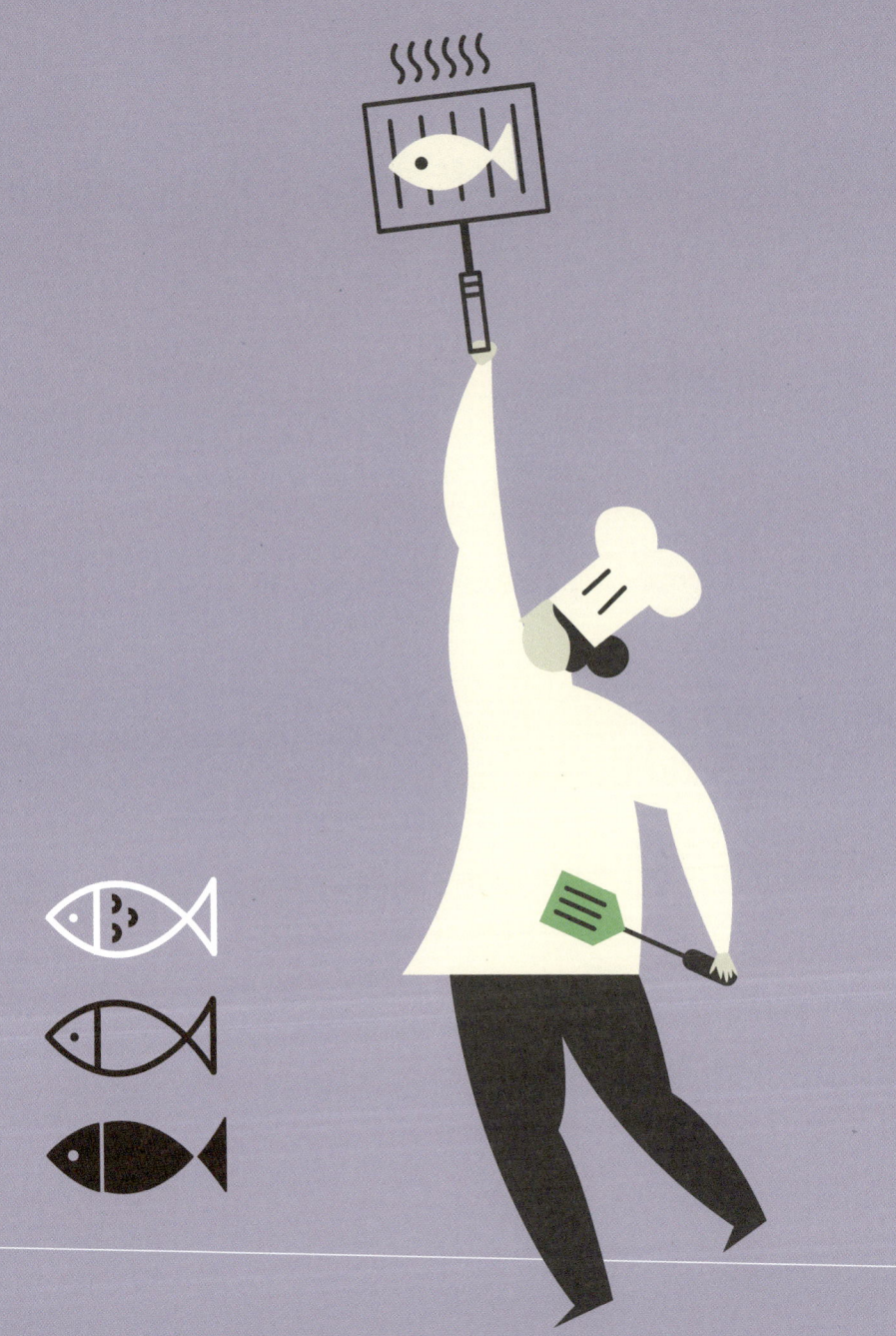

Chapter 3

국, 수프, 해산물

경상도식 소고깃국

칼로리	지방	단백질	탄수	식이	1인분
443kal	34.3g	22.9g	12.6g	4.9g	기준

| 재료 | 6인분

- 소고기(양지머리) 500g
- 콩나물 500g
- 생들기름(또는 참기름) 3큰술
- 고기 볶을 국간장 2큰술
- 무 400g
- 대파 2대
- 다진 마늘 2큰술
- 고춧가루 3큰술
- 국간장·액젓·후추 약간씩

부모님이 모두 경상도 출신이라, 제가 어릴 때 저희 집에선 이 국을 소고깃국이라고 불렀어요. 육개장과도 비슷한 이 국은 나중에 커서 보니 잔칫날이나 손님 오실 때 등 주로 특별한 날에 경상도 지역에서 먹는 음식이더라고요. 그래서인지 경상도식 소고깃국은 적은 양을 만드는 것보다 재료들 듬뿍듬뿍 넣어 많은 양을 끓여야 맛있어요. 여러 번 데워도 맛있어서 넉넉히 만들어 냉장고에 두고 먹어요. 상하지 않도록 한 번씩 전체적으로 끓여주며 냉장 보관합니다.

1. 소고기는 0.5~1cm 두께로 슬라이스해 먹기 좋은 크기로 자르고, 무는 연필 깎듯 삐져 두거나 나박나박 썰어 준비한다. 대파는 굵은 부위는 반으로 갈라 5cm 길이로 잘라둔다.

2. 냄비에 국간장과 1의 잘라둔 소고기를 넣고 달달 볶는다.

3. 고기의 색이 반쯤 변하면 생들기름(참기름)과 잘라둔 무, 고춧가루를 넣고 무와 고기가 잘박하게 잠길 만큼만 물을 부어 바글바글 끓인다.

4. 3에 물을 추가해 국물 양을 잡고 콩나물을 넣어 끓인다.

5. 뚜껑을 연 채 계속 끓이다가 콩나물이 익으면 다진 마늘과 대파를 넣어 한소끔 끓인다.

6. 국간장과 액젓으로 간을 맞추고 후추를 뿌려 완성한다.

곱창전골

칼로리	지방	단백질	탄수	식이	1인분
747kal	52.7g	48g	24.2g	7.2g	기준

| 재료 | 3인분

- 생소곱창 1kg
- 배춧잎 6~7장 (250g)
- 양파 (작은 것) 1개
- 애느타리버섯 1팩
- 팽이버섯 1봉
- 대파 1대
- 홍고추 약간(선택)
- 깨순 1단(또는 깻잎 40장)
- 간이 안 된 사골 육수 1L
- 소금 약간

| 곱창 손질용 재료 |

- 밀가루
- 굵은소금
- 양파 1개
- 생강 1톨(엄지손가락 크기)
- 소주 1컵

| 전골용 양념장 |

- 집된장 1큰술
- 고춧가루 3큰술
- 국간장 2큰술
- 리퀴드 아미노스 1큰술
- 다진 마늘 2큰술
- 들깻가루 2큰술
- 대장부 2큰술
- 후추 약간

✓ 1컵 = 240ml

곱창을 집에서 손질하기란 부담스러운게 사실이지만 요즘엔 손질된 생곱창을 팔기 때문에 수월하게 요리할 수 있어요. 저는 혹시나 하는 마음에 밀가루와 소금으로 한 번 더 씻어서 사용합니다. 미리 1시간 정도 삶아낸 곱창으로 전골을 끓이면 야들야 들 부드럽고 맛있어요.

1. 생곱창은 밀가루를 넣어 주물주물 한 후 찬물에 깨끗하게 헹구고 굵은 소 금을 넣어 다시 한번 주물러준 후 깨끗하게 헹군다.

2. 손질한 곱창을 냄비에 담고 소주 1컵과 양파, 생강을 넣은 후 재료가 충분 히 잠길 만큼 물을 부어 1시간 끓인다.

3. 익은 곱창은 건져서 식힌 후 한 입 크기로 잘라둔다.

4. 전골용 양념장 재료를 모두 섞어 준비하고 배춧잎과 대파는 어슷하게, 양 파는 도톰하게 채 썰어둔다.

5. 전골용 냄비에 배춧잎을 깔고 나머지 재료를 올린 후 양념장을 넣고 사골 육수를 부어 끓인다.

6. 전골이 끓으면 모자라는 간을 소금으로 맞추고 깨순이나 깻잎을 먹기 좋 은 크기로 잘라 넣고 익혀 먹는다.

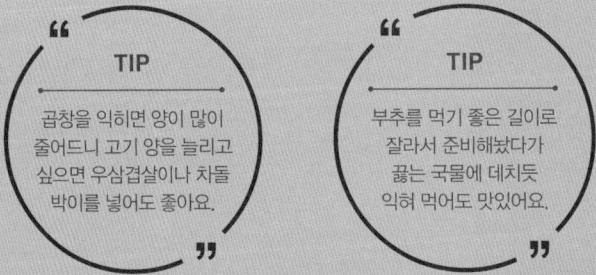

" TIP

곱창을 익히면 양이 많이 줄어드니 고기 양을 늘리고 싶으면 우삼겹살이나 차돌 박이를 넣어도 좋아요. "

" TIP

부추를 먹기 좋은 길이로 잘라서 준비해놨다가 끓는 국물에 데치듯 익혀 먹어도 맛있어요. "

매운 굴짬뽕

칼로리	지방	단백질	탄수	식이	1인분
521kal	36g	33.4g	17.7g	4.8g	기준

| 재료 | 2인분

- 돼지 앞다리살 200g
- 배추 150g
- 양파 1/2개
- 애호박 약간
- 청양고추 1개
- 부추 약간
- 바지락 1줌
- 굴 100g
- 대장부 2큰술
- 고춧가루 1큰술
- 사골 육수 500ml
- 대파 1대
- 다진 마늘 1큰술
- 다진 생강 1/2작은술
- 라드 2큰술
- 리퀴드 아미노스 3큰술
- 액젓이나 소금 약간
- 후추 약간

돼지고기와 라드가 들어가서 국물 맛이 묵직한 굴짬뽕이에요. 집에 있는 해물이나 채소, 어떤 것이든 넣어도 됩니다.

1. 대파와 청양고추는 잘게 썰어놓고 배추와 양파는 0.5cm 두께로 채 썬다. 애호박은 채 썰어 준비하고 부추는 4~5cm 길이로 자른다.

2. 웍에 라드를 녹이고 대파, 다진 마늘, 생강을 넣어 약중간 불에 충분히 볶다가 돼지고기를 넣고 센 불에 볶는다(고기 색이 반쯤 변하면 대장부를 넣고 볶는다).

3. 2에 배추, 양파, 애호박, 청양고추를 넣고 센 불에 함께 볶다가 고춧가루를 넣고 볶는다.

4. 웍의 가장자리나 빈 곳에 리퀴드 아미노스를 넣어 자글자글 캐러멜라이즈 시킨 후 재료들과 함께 섞어준다.

5. 바지락과 사골 육수를 넣고 끓으면 굴을 넣는다.

6. 한소끔 끓으면 모자라는 간은 액젓이나 소금으로 맞추고, 후추와 부추를 넣은 후 불에서 내린다.

도가니탕

칼로리	지방	단백질	탄수	식이	1인분
711kcal	60g	40.3g	0g	0g	기준

| 재료 | 15인분 이상

- 도가니 2kg
- 사골 1kg
- 목뼈(또는 잡뼈) 1kg
- 소 힘줄(스지) 1.5kg
- 양지(덩어리) 1.5kg
- 다진 대파 약간
- 소금·후추 약간씩

예전에 도가니탕을 끓일 때면 도가니가 워낙 기름이 많은 부위라 기름을 일일이 잘라내느라 부엌에서 가위 들고 한참을 씨름했던 기억이 나요. 하지만 키토식을 하는 지금은 기름기 많은 도가니가 아주 고마운 식재료가 되었어요. 실제로 고기를 듬뿍 넣은 도가니탕을 연이어 한 사발씩 먹던 시기에 체중 감량도 쑥쑥 잘 되었는데 우연의 일치였을까요?

1. 도가니와 사골, 목뼈를 반나절 이상 찬물에 담가 핏물을 뺀다(중간중간 새 물로 갈아준다).

2. 핏물을 뺀 뼈에 찬물을 붓고 우르르 끓인 후 물을 따라 버리고(뼈와 냄비는 찬물에 한 번 헹군다) 다시 찬물을 넉넉히 부어 중간 불 이상에서 2~3시간 끓인다(국물이 졸아들면 물을 추가한다).

3. 도가니와 뼈들을 건져서 식힌 후 고기만 발라 따로 두고, 뼈들은 다시 2에 넣고 국물이 뽀얗게 될 때까지 3~4시간 더 고아준다.

4. 소 힘줄과 양지 덩어리도 1시간 이상 찬물에 담가 핏물을 뺀 후 끓고 있는 도가니 국물에 넣어 익혀낸다(양지 덩어리는 1시간 남짓, 소 힘줄은 1시간 이상 부드럽게 익을 때까지).

5. 익힌 양지와 소 힘줄은 먹기 좋게 잘라 3의 도가니 고기와 함께 따로 소분해 냉동한다.

6. 국물이 완전히 식으면 소분해 냉동한다. (남은 뼈는 다시 우려내 사골 육수로 사용할 수 있다.)

7. 먹을 땐 냄비에 국물과 함께 고기를 넣고 데운 후 소금, 후추로 간하고 다진 대파를 넣어 먹는다.

TIP

- 국물을 끓일 때와 고기를 넣어 익힐 때 초반에 떠오르는 검은색 거품은 핏물이 익어 떠오르는 거예요. 그냥 두면 냄비 가장자리와 국물이 지저분해지니 고운 망으로 거품만 제거해주세요. 떠오르는 기름은 제거하지 않아도 돼요. 소고기의 좋은 천연 지방을 충분히 먹을 수 있는 기회거든요!

- 야들야들 부드럽게 익은 도가니 수육과 고기는 초간장(리퀴드 아미노스 3 : 식초 2 : 생수 2 비율로 섞고 다진 대파 약간)에 찍어 먹으면 맛있어요.

- 도시락 쌀 때는 전자레인지용 용기에 국물과 함께 고기를 담고, 소금과 후추, 대파는 따로 담아 줘요.

부대찌개

칼로리	지방	단백질	탄수	식이	1인분
638kcal	46g	38.8g	19.9g	5.1g	기준

| 재료 | 4인분

- 배춧잎 6장(200g)
- 잘 익은 김치 2컵*
- 스팸 1캔(200g 짜리)
- 소시지 200g
- 다진 돼지고기 200g
- 양파 1개
- 대파 2대
- 새송이버섯 2개
- 애느타리버섯·팽이버섯 각 1봉
- 간이 안 된 사골 육수 500ml
- 슬라이스 치즈 3장

| 고기용 양념 |

- 참기름 1/2작은술
- 다진 마늘 1/2작은술
- 다진 대파 2작은술
- 소금 2꼬집
- 후추 약간

| 양념장 |

- 고춧가루 2큰술
- 대장부 2큰술
- 국간장 1큰술
- 액젓 1큰술
- 다진 마늘 1큰술

✓ 1컵 = 240ml

부대찌개는 햄이나 소시지가 들어가 탄수화물 함유량이 높고 기타 첨가물도 섭취하게 되어서 좀 불량스런 메뉴예요. 하지만 이렇게 얼큰하고 푸짐한 음식을 먹고 나면 한동안은 바짝 키토제닉 식단을 열심히 실천할 수 있어서 가끔 생각날 때 만들어 먹어요. 햄과 소시지를 가능한 적게 넣고 그 대신 다진 돼지고기를 밑간하여 추가했답니다.

1. 배춧잎은 어슷어슷 썰고 양파는 도톰하게 채 썬다. 대파는 어슷썰기 하고 김치와 새송이버섯은 먹기 좋은 크기로 자른다.

2. 스팸과 소시지는 먹기 좋은 두께로 슬라이스하고 다진 돼지고기는 고기용 양념을 넣어 고루 섞는다.

3. 양념장 재료를 잘 섞어둔다.

4. 전골용 냄비에 배춧잎을 먼저 깔고 나머지 재료들을 돌려 담은 뒤 2의 양념한 돼지고기를 군데군데 나눠 담는다.

5. 3의 양념장을 넣고 사골 육수를 부은 후(국물이 모자라면 생수 추가) 끓인다.

6. 채소와 돼지고기가 고루 익으면 간을 보고 모자라는 간은 소금으로 맞춘 후 슬라이스 치즈를 얹어 치즈가 녹으면 먹는다.

김치 만둣국

칼로리	지방	단백질	탄수	식이	1인분
680kal	55g	39g	9.5g	3.5g	기준

| 재료 | 2인분

- 김치 만두볼(102쪽 참고) 12개
- 사골 육수(287쪽 참고) 500~600ml
- 대파 1/2대
- 소금 약간
- 국간장 약간

김치 만두볼을 만들어 냉동해두면 언제든 만둣국을 끓여 먹을 수 있어요. 만두피가 국물에 불어버릴 염려가 없어서 도시락 싸기에도 좋아요. 전자레인지 사용 가능한 용기에 담아 가서 따끈하게 데우기만 하면 됩니다.

1. 사골 육수에 김치 만두볼을 넣고 끓인다(냉동 보관한 김치 만두볼은 녹이지 않고 언 채로 바로 넣는다).

2. 국간장과 소금으로 간을 맞추고 송송 썬 대파를 넣어 먹는다.

TIP

달걀을 풀어
넣어도 맛있어요.

키토전과 김치 만두볼로 만드는 전골

칼로리	지방	단백질	탄수	식이	1인분
705kal	51.2g	43.g	19.9g	6.2g	기준

| 재료 | 2인분

- **키토식 생선전**(153쪽 참고) 6개(130g)
- **김치 만두볼**(102쪽 참고) 8개
- **알배기 배춧잎** 7장(160g)
- **양파** 100g
- **애호박** 50g
- **팽이버섯** 100g
- **간이 안 된 사골 육수**(287쪽 참고) 500ml
- **고춧가루** 1½큰술
- **다진 마늘** 2작은술
- **대파** 1/2대
- **새우젓** 약간
- **쑥갓** 약간

명절을 지내고 싸 온 키토식 전과 냉동실에 늘 만들어두는 김치 만두볼로 뚝딱 끓일 수 있는 전골이에요. 어울리는 갖은 채소를 담고 사골 육수를 부어 보글보글 끓여 먹어요. 새우젓으로 국물 간을 맞추면 개운하면서도 감칠맛이 나죠.

1. 배춧잎은 1~2cm 너비로 썰고 양파도 채 썰어 준비한다. 애호박은 얇게 썰어두고 대파는 어슷 썰어둔다.

2. 전골을 끓일 냄비에 배춧잎과 양파를 깔고 생선전, 김치 만두볼, 애호박, 팽이버섯, 대파를 담은 후 사골 육수를 재료가 잠길 정도로 잘박하게 붓는다.

3. 고춧가루, 다진 마늘을 넣고 한소끔 끓으면 새우젓으로 간을 맞춘다.

4. 쑥갓을 넣고 불에서 내린다.

돼지국밥

칼로리	지방	단백질	탄수	식이	1인분
445kcal	27.4g	40.4g	10.1g	4.1g	기준

| 재료 | 2인분

- **돼지국밥 육수**(287쪽 참고) 600ml
- **돼지 앞다리살**(불고기용) 400g
- **부추** 160g
- **고춧가루** 1½큰술
- **다진 마늘** 2작은술
- **액젓·통깨·새우젓** 약간씩

부산에서 먹는 돼지국밥을 정말 좋아하는데 서울이나 경기 지역에서는 순대국밥이 흔한 반면 돼지국밥은 잘 팔지 않아 아쉬워요. 돼지국밥은 생각보다 조리 방법이 쉽고 시골 육수 끓이듯 국물만 만들어 얼려두면 언제든지 만들어 먹을 수 있어요. 보글보글 끓는 국물에 신선한 부추무침을 듬뿍 넣어 먹으면 정말 맛있어요. 키토식 초반에 저희 집 단골 메뉴였어요.

1. 뚝배기에 돼지국밥 국물을 1인분씩 담고 불에 올려 끓으면 돼지 앞다리살을 뭉치지 않게 한 장씩 떼어 넣는다.

2. 고기가 익는 동안 부추에 고춧가루, 다진 마늘, 액젓, 통깨를 넣고 버무려둔다.

3. 고기가 완전히 익으면 끓는 국물에 2의 부추무침을 넣고 모자라는 간은 새우젓으로 맞춘다.

TIP

멸치 육수가 없다면 맹물에 멸치 가루를 1밥숟가락 정도 넣어 끓여도 괜찮아요.

굴 된장 냄비

칼로리	지방	단백질	탄수	식이	1인분
626kal	50.7g	28.6g	14.1g	2.4g	기준

| **재료** | 3인분

- 생굴 300g
- 배추 200g
- 대패 삼겹살(또는 차돌박이) 300g
- 표고버섯 2장
- **팽이버섯** 1봉
- 다진 마늘 1큰술
- 대파 1/2대
- 버터 70g
- **멸치 육수** 700ml~1000ml
- 집된장 2큰술

겨울이면 저희 집에서 자주 먹는 국물 요리예요. 단맛 나는 겨울 배추와 기름기 많은 고기와 굴에 버터 향까지 더해진 된장 국물은 정말 맛있답니다! 대패삼겹살이나 차돌박이 대신 다진 돼지고기를 소금, 후추, 참기름으로 밑간해서 완자처럼 뚝뚝 떼어 넣고 끓여도 맛있어요. 이땐 처음부터 고기를 넣으면 풀어지니 국물이 끓을 때 넣고 익을 때까지 끓여주세요.

1. 굴은 소금물에 흔들어 씻은 후 체에 밭쳐 놓는다.

2. 배추는 어슷하게 먹기 좋은 크기로 자르고 대파도 어슷하게 썰어 놓는다.

3. 멸치 육수에 된장을 미리 풀어 간을 맞춘다(배추에서 수분이 나오므로 살짝 짭짤한 듯이 맞춘다).

4. 전골냄비에 준비한 재료를 모두 담고 3의 육수를 부어 끓여 먹는다.

김치 도가니탕

칼로리	지방	단백질	탄수	식이	1인분
741kcal	60.3g	42.3g	6.1g	1.7g	기준

| 재료 | 2인분

- **도가니탕 국물**(124쪽 참고) 600~700ml
- **도가니 고기와 수육**(124쪽 참고) 300g
- 잘 익은 **김치** 1컵*
- 다진 **마늘** 1/2큰술
- **대파** 1/2대
- **국간장·액젓** 약간씩

✓ 1컵 = 240ml

도가니탕을 한 솥 끓여 여러 날 먹다가 좀 지겨워진 어느 날, 잘 익은 김장 김치를 넣고 김칫국을 끓여봤어요. 이 김칫국이 너무너무 맛있어서 '김치 도가니탕'이라고 이름도 따로 붙여줬어요. 남편은 김치 도가니탕 장사해서 노후 자금 마련하재요.

1. 김치는 먹기 좋은 크기로 자르고, 대파는 어슷어슷하게 썬다.

2. 도가니탕 국물에 고기를 넣고 불에 올려 끓인다.

3. 2에 김치와 다진 마늘을 넣고 김치가 부드럽게 익을 때까지 끓인다. 모자라는 간은 국간장과 액젓으로 맞춘다.

3. 대파를 넣고 한소끔 더 끓인다.

TIP

사골 육수를 넣으면
더 좋아요.

갈비살 배추 된장국

칼로리	지방	단백질	탄수	식이	1인분
394kal	54.6g	56.2g	18.2g	5.5g	기준

| 재료 | 4인분

- 소갈비살 500g
- 알배기 배추 1통(약 700g)
- 무 1토막(200g)
- 참기름 2작은술
- 국간장 1큰술
- 집된장 2~3큰술
- 멸치 가루 1큰술
- 다진 마늘 1큰술
- 대파 1대
- 홍고추나 매운 고추 약간(선택 사항)

소고기 넣고 된장 풀어 끓여낸 배춧국은 겨울이면 꼭 생각나는 음식이에요. 배추 된장국에 기름기 많은 소갈비살을 넣으면 맛의 깊이가 달라져요. 소고기를 넣은 된장찌개와 차돌박이를 넣은 된장찌개의 차이랑 비슷하달까요!

1. 배추는 1~2cm 너비로, 무는 나박하게, 대파는 어슷하게 썰어둔다.

2. 먹기 좋은 크기로 자른 소갈비살에 국간장을 넣고 달달 볶다가 고기가 반쯤 익으면 참기름, 1의 배추와 무를 넣고 물 약 1L(또는 적당량)을 붓는다.

3. 국물이 끓으면 된장을 풀고 멸치 가루와 다진 마늘을 넣은 후 배추와 무가 부드럽게 익을 때까지 끓인다(멸치 가루를 넣고 나서 적어도 10분 이상 끓인 후 간을 봐야 한다. 처음엔 비린 맛만 나지만 10분이 지나면 국물 맛이 깊어지고 감칠맛이 나기 때문이다).

4. 고추를 잘게 잘라 넣고(선택 사항) 간이 모자라면 국간장으로 맞추고 대파를 넣어 한소끔 끓인다.

클램 차우더

칼로리	지방	단백질	탄수	식이	1인분
455kal	37.1g	23.7g	6.9g	0.6g	기준

| 재료 | 7인분

- 베이컨 100g
- 셀러리 1줄기(70g)
- 양파 1개
- 바지락 살 300g
- 명태 살(전감 동태포 사용) 600g
- 닭 육수(또는 사골 육수) 300ml
- 생크림 500ml
- 버터 50g
- 단맛 없는 **화이트 와인** 1/2컵
- 말린 **타임** 2꼬집
- 다진 **이탈리아 파슬리** 약간(선택 사항)
- **소금·후추** 약간씩

✓ 1컵 = 240ml

차우더 종류의 수프는 루(roux)와 감자를 빼고 만들면 키토식으로도 충분히 즐길 수 있어요. 루 대신 생크림을 많이 넣어 조리는 방식으로 농도를 맞추고, 감자 대신 명태 살을 넉넉히 넣어 건더기 양도 늘리고 맛도 더했어요.

1. 베이컨, 셀러리, 양파는 잘게 썰고 명태 살은 1~2cm 크기로 깍둑썰기 하여 준비한다.

2. 냄비에 베이컨을 볶다가 베이컨 기름이 나오면 버터를 넣고 셀러리와 양파를 볶는다. 소금, 후추로 간한다.

3. 양파가 투명하게 익으면 닭 육수를 넣고 한소끔 끓어오르면 명태 살과 화이트 와인, 말린 타임을 넣는다.

4. 3이 한소끔 더 끓으면 생크림을 넣고 원하는 농도가 나올 때까지 저으며 조리듯 끓인다.

5. 4에 바지락 살을 넣고 조갯살이 익을 때까지 끓인다(조갯살은 오래 익히면 질겨지니 조갯살을 넣고는 오래 끓이지 않는다).

6. 소금과 후추로 간하고 다진 이탈리아 파슬리(선택 사항)를 넣는다.

삶은 달걀, 지방질이 많은 슬라이스 소시지(사진은 모르타델라(mortadella)) 등과 함께 도시락으로 준비하면 더욱 든든해요.

TIP

키토 빵에 '감칠맛 버터
(283쪽)'를 발라 랍스터
차우더와 함께 먹으면
든든한 한 끼로
충분합니다.

랍스터 차우더

칼로리	지방	단백질	탄수	식이	1인분
499kcal	42.8g	20.7g	9.2g	1.9g	기준

| 재료 | 7인분

- **랍스터** 2마리(500g×2)
- **아보카도 오일** 2큰술
- **베이컨** 100g
- **셀러리** 2줄기(140g)
- **양파** 1/2개
- **닭 육수**(또는 사골 육수) 1L
- **단맛 없는 화이트 와인** 1/2컵*
- **생크림** 500ml
- **버터** 50g
- **방울양배추** 200g
- **말린 차이브** 1/2큰술
- **타임** 1꼬집
- **소금·후추** 약간씩

✓ 1컵 = 240ml

랍스터 차우더도 클램 차우더(134쪽)와 만드는 법은 비슷해요. 루를 이용해 걸쭉한 국물을 만드는 대신 생크림을 넉넉히 넣고 조려 농도를 내줍니다. 감자 대신 방울양배추를 넣어 푹 익히면 부드러운 방울양배추가 감자 못지않게 맛있어요. 살을 발라내고 난 랍스터 껍데기로 육수를 만들어 진한 랍스터 맛을 냈어요.

1. 끓는 소금물에 랍스터를 머리부터(살아 있다면) 넣고 5분 이상 삶은 후 건져 식힌다.

2. 랍스터의 몸통과 머리를 분리해 머리 쪽의 내장은 싹싹 발라 따로 담아두고 몸통과 다리는 살을 발라 큼직하게 한 입 크기로 잘라둔다.

3. 웍에 아보카도 오일을 두르고 랍스터 껍데기를 중간 불 이상 센 불에 달달 볶는다.

4. 랍스터 껍데기가 군데군데 노릇해지고 고소한 냄새가 나면 화이트 와인을 붓고 나무 주걱으로 바닥에 눌어붙은 것들을 삭삭 긁어 섞는다.

5. 4에 닭 육수를 붓고 국물의 양이 반으로 줄어들 때까지 뭉근한 불에서 끓인다(약 20분).

6. 5의 랍스터 육수는 체에 거른다.

7. 베이컨, 셀러리, 양파는 잘게 썬다.

8. 냄비에 베이컨을 볶다가 베이컨 기름이 나오면 버터를 더하고 셀러리와 양파를 볶고 소금, 후추로 간한다.

9. 양파가 투명해지면 방울양배추와 랍스터 육수, 생크림을 넣고 어느 정도 졸아들어 농도가 나올 때까지 저으며 끓인다.

10. 랍스터 살과 차이브, 타임을 넣고 한소끔 끓인 후 모자라는 간을 소금으로 맞추고 후추를 갈아 넣는다.

부야베스풍 명태 조개 수프

칼로리	지방	단백질	탄수	식이	1인분
564kcal	40.5g	33g	17g	2.3g	기준

| 재료 | 4인분

- 모둠 조개(조개 구이용) 약 1.8kg
- 닭 육수(또는 사골 육수) 1L
- 명태 살(전감 동태포 사용) 500g
- 양파 1개
- 셀러리 1줄기(70g)
- 다진 마늘 1큰술
- 토마토 1개
- 버터 60g
- 단맛 없는 화이트 와인 1/2컵*
- 토마토 페이스트 2큰술
- 생크림 300ml
- 샤프란* 2~3꼬집
- 쪽파 약간
- 소금·후추 약간씩

✓ 1컵 = 240ml

✓ 샤프란(saffron) : 샤프란 크로커스 꽃의 암술대만 건조시켜 만든 향신료. 독특한 향이 있으며 샤프란 자체는 붉은색이지만 음식에 넣으면 노란색이 우러나온다.

프랑스의 해물탕이라고 할 수 있는 부야베스와 비슷한 맛의 수프예요. 지방량과 부드러운 맛을 더하려고 크림을 좀 넣었지만 국물 느낌은 묽은 수프예요. 깊은 해물 맛에 샤프란 향이 더해져서 정말 맛있답니다!

1. 조개는 충분히 해감시켜 준비한다.

2. 셀러리와 양파는 잘게 다지고 토마토는 사방 1cm, 명태 살은 사방 2cm 정도 크기로 자른다. 쪽파는 잘게 썬다.

3. 닭 육수는 따끈하게 데워서 샤프란을 넣고 샤프란 향과 색이 충분히 우러나도록 한다.

4. 냄비에 버터를 녹이고 마늘, 셀러리, 양파를 볶다가 소금, 후추로 간하고, 양파가 투명해지면 화이트 와인을 부어 바글바글 끓인다.

5. 4에 샤프란 우린 닭 육수를 넣고 토마토 페이스트를 잘 풀어준다.

6. 수프가 끓으면 명태 살과 토마토를 넣고 다시 끓으면 크림을 넣는다.

7. 조개를 큰 것부터 넣은 후 큰 조개들이 입을 벌리면 모자라는 간을 소금으로 맞추고 후추와 잘게 썬 쪽파를 뿌려 먹는다.

TIP

조개에서 나오는 짠물만으로도 수프의 간이 충분할 수 있으니 조개가 익은 뒤 간을 하세요.

사라베스 토마토 크림수프*

칼로리	지방	단백질	탄수	식이	1인분
331kcal	31.1g	6.5g	8.5g	2.5g	기준

| 재료 | 10인분

- **토마토 펄프** 1병(690g)
- **홀토마토 통조림** 400g
- **버터** 50g
- 다진 **양파** 3큰술
- 다진 **대파**(파란 부분만) 1줄기 분량
- 다진 **마늘** 1큰술
- **생크림** 600ml
- **페퍼 잭 치즈**(또는 몬터레이 잭 치즈나 화이트 체더치즈) 150g
- **딜** 10g
- **소금·후추** 약간씩

✓ 이 토마토 크림수프의 원래 이름은 'Velvety Cream Of Tomato Soup'이고 사라베스 홈페이지(sarabeth.com)에 만드는 법이 공개되어 있다.

유명한 브런치 식당 사라베스의 토마토 크림수프를 좋아해요. 키토식에 적합하면서도 쉽게 구할 수 있는 재료들을 이용해 비슷하게 만들어 먹고 있는데 사라베스의 원조 수프 못지않게 맛있답니다. 냉동 보관해두었다가 나중에 데워 먹어도 똑같이 맛있어서 한 번 만들 때 넉넉히 만들어둔답니다. 먹기 하루 전에 냉장실로 옮겨 해동시킨 후 냄비에 넣고 저어주며 데우면 됩니다.

1. 냄비에 버터를 녹이고 다진 양파, 마늘, 대파를 볶는다.

2. 양파가 투명하게 익으면 홀토마토와 토마토 펄프를 넣고 핸드 블렌더로 곱게 갈아준다.

3. 2에 생크림을 넣고 뭉근히 끓인다.

4. 페퍼 잭 치즈를 그레이터에 갈아서 넣고 저으며 녹여준다.

5. 모자라는 간은 소금으로 맞추고 후추를 갈아 넣은 뒤 불에서 내려 딜을 잘게 썰어 넣고 고루 섞는다.

TIP

페코리노 로마노 치즈 대신 파르메산 치즈 종류 (그라나 파다노, 파미지아노 레지아노)를 써도 됩니다.

모둠 버섯 수프

칼로리	지방	단백질	탄수	식이	1인분
521kcal	51.8g	7.3g	9.5g	1.5g	기준

재료 | 4인분

- **버섯 모둠** 350g(양송이·새송이·표고 사용)
- **양파** 1/2개
- **셀러리** 1줄기(70g)
- 다진 **마늘** 1작은술
- **버터** 50g
- 단맛 없는 **화이트 와인** 30ml
- **닭 육수**(또는 사골 육수) 200ml
- **생크림** 450ml
- **페코리노 로마노 치즈*** 20g
- **트러플 오일** 약간(선택 사항)

✔ **페코리노 로마노**(pecorino romano): 양젖으로 만들며 고대 로마시대부터 즐겨 온 역사가 오래된 이탈리아 경성 치즈 중 하나이다.

쉽게 구할 수 있는 버섯들을 이용해 버섯 크림수프를 만들었어요. 수프를 끓인 후 내용물을 모두 갈아주면 전분질 재료를 넣지 않아도 걸쭉한 농도의 크림수프를 만들 수 있어요.

1. 버섯은 0.5cm 두께로 슬라이스하고 양파와 셀러리는 잘게 썬다.

2. 냄비에 버터를 녹이고 다진 마늘, 양파, 셀러리를 볶다가 양파가 투명하게 익으면 버섯을 넣고 볶는다. 소금, 후추로 간한다.

3. 버섯이 고루 뜨거워지면 화이트 와인을 한 바퀴 둘러준다.

4. 닭 육수와 생크림을 넣은 후 국물이 끓으면 핸드 블렌더로 곱게 갈아준다.

5. 4의 수프가 다시 끓으면 페코리노 로마노 치즈를 그레이터에 갈아 넣어 녹이고 모자라는 간은 소금으로 맞춘다.

6. 트러플 오일(선택 사항)을 뿌려 먹는다.

TIP

똠얌 수프의 새콤한 맛을 좋아한다면 레몬즙을 추가 해도 좋아요. 모자라는 간은 액젓으로 맞춥니다.

똠얌 맛 레드 커리 수프

칼로리	지방	단백질	탄수	식이	1인분
849kcal	69.5g	41g	13.5g	3.5g	기준

| 재료 | 넉넉한 2인분

- 태국식 레드 커리 페이스트 50g
- 닭 육수(또는 사골 육수) 100ml
- 코코넛 밀크 400ml
- 닭 허벅지살 200g
- 새우살 150g
- 백만송이버섯 100g
- 숙주 200g
- 양파 1/4개
- 코코넛 오일 2큰술
- 레몬 1개
- 고수 약간

레드 커리를 약간 묽은 듯이 만들어 마지막에 레몬즙이나 라임즙을 넉넉히 짜 넣으면 새콤하고 매콤한 똠얌 수프 같아요. 새우를 주재료로 하고 숙주를 넣어 먹으면 똠얌꿍 국수를 먹는 것 같기도 하고요. 저는 레몬을 듬뿍 짜 넣고 아주 새콤하게 먹는 걸 좋아해요. 여름에 특히 더 맛있는 수프입니다.

1. 닭 허벅지살은 한 입 크기로 자르고 양파는 채 썬다.

2. 냄비에 코코넛 오일을 녹이고 레드 커리 페이스트와 채썰어둔 양파를 볶아 향을 낸 후 잘라둔 닭 허벅지살을 넣고 볶는다.

3. 닭고기의 겉면이 익으면 닭 육수와 코코넛 밀크를 넣고, 끓으면 백만송이 버섯과 새우살을 넣는다.

4. 닭고기가 충분히 익으면 숙주를 넣는다. 다시 끓어오르면 레몬즙을 짜 넣고 불에서 내려 고수를 넣어 먹는다.

태국식 그린 커리

칼로리	지방	단백질	탄수	식이	1인분
830kcal	72.5g	29.5g	16g	5g	기준

| 재료 | 2인분

- 태국식 그린 커리 페이스트 40g
- 코코넛 밀크 400ml
- 양파 1/2개
- 가지 1개
- 닭 허벅지살 200g
- 코코넛 오일 2큰술
- 삶은 달걀 2개
- 셀러리 잎(또는 고수) 약간(선택 사항)

태국식 커리는 옐로, 레드, 그린이 있는데 그중 그린 커리가 제일 매워요. 원래 태국식 그린 커리에는 방울 모양의 태국 가지가 들어가지만 우리나라 가지를 넣어도 맛있어요. 삶은 달걀을 곁들여 먹으면 든든하고 맛있습니다.

1. 양파와 가지, 닭 허벅지살은 먹기 좋게 한 입 크기로 자른다.

2. 냄비에 코코넛 오일을 녹이고 그린 커리 페이스트를 볶아 향을 낸다.

3. 2에 닭 허벅지살을 넣고 볶다가 고기의 겉면이 익으면 코코넛 밀크를 부어 끓인다.

4. 가지와 양파를 넣고 모든 재료가 익을 때까지 뭉근한 불에 끓인다(싱거우면 액젓으로 간을 맞춘다).

5. 셀러리 잎이나 다진 고수를 넣고 삶은 달걀과 함께 먹는다.

크림소스 다때볶

칼로리	지방	단백질	탄수	식이	1인분
820kcal	68g	42g	11g	2.5g	기준

| 재료 | 2인분

- **업진살**(또는 차돌박이 같은 기름이 많은 부위) 200g
- **새우살** 100g
- **브로콜리** 100g
- **아스파라거스**(긴 것) 4줄기
- **버터** 10g
- **생크림** 200ml
- **청양고추** 2개
- 슬라이스한 **스위스 치즈** 2장
- 다진 **마늘** 1작은술
- **스리라차 소스** 1~2작은술
- **액젓** 약간
- **소금·후추** 약간씩

냉장고에 있는 재료를 다 넣어 볶아 만드는 일명 '다.때.볶'에 생크림을 추가하면 좀 더 든든하게 먹을 수 있어요. 청양고추와 스리라차 소스로 개운한 맛을 내고 액젓으로 감칠맛을 더해줍니다.

1. 업진살과 브로콜리는 한 입 크기로 썰고 아스파라거스는 4cm 길이로 자른다. 청양고추는 잘게 썬다.

2. 팬에 업진살을 굽는다. 소금, 후추로 간한다.

3. 고기에서 나온 기름에 버터를 더해 브로콜리를 볶다가 새우와 다진 마늘을 넣어 같이 볶는다.

4. 새우가 어느 정도 구워지면 아스파라거스를 넣고 함께 볶다가 생크림과 스리라차 소스를 넣어 끓인다.

5. 청양고추를 넣고 스위스 치즈를 잘 녹여준 후 모자라는 간은 액젓으로 맞추고 후추를 갈아 넣는다.

락사

"
TIP
굴 대신 껍데기 있는
조개류를 넣어 만들 땐
코코넛 밀크와 함께
조개를 넣어요.
"

칼로리	지방	단백질	탄수	식이	1인분
790kcal	61.4g	37g	16.8g	2.5g	기준

| 재료 | 넉넉한 2인분

- **락사 페이스트** 40g
- **코코넛 오일** 2큰술
- **새우**(중간 크기, 껍질째) 6마리
- **생오징어** 150g
- **코코넛 밀크** 400ml
- **닭 육수**(또는 사골 육수) 100~200ml
- **굴** 100g(또는 껍데기 있는 조개류 1줌)
- **숙주** 200g
- **청경채** 3포기(100g)
- **버섯** 약간(선택 사항)
- **새우젓** 약간
- **삶은 달걀** 2개

코코넛 밀크로 만든 짬뽕과도 흡사한 락사는 호불호가 갈리는 음식이라는데 저는 처음 먹어보자마자 그 진한 맛에 반했어요. 싱가포르 식당에서 먹을 땐 '국수 빼고 숙주 많이'로 주문해 먹었고, 집에서 만들 땐 숙주를 많이 넣고 삶은 달걀도 넣어 먹어요. 락사 페이스트에는 설탕 및 식물성 오일이 들어가서 훌륭한 키토식이라고 할 수는 없지만 그 맛을 포기할 수 없어서 가끔씩 만들어 먹어요. 더운 나라 음식이라 그런지 여름에 특히 생각이 나요.

1. 냄비에 코코넛 오일을 녹이고 락사 페이스트를 넣어 색이 약간 진해지고 향이 나도록 볶는다.

2. 1에 코코넛 밀크와 닭 육수를 붓고 끓으면 오징어와 새우를 넣는다.

3. 국물이 끓으면 굴과 청경채, 버섯(선택 사항)을 넣고 다시 끓으면 숙주를 넣은 후 새우젓으로 간을 맞춘다.

4. 한소끔 더 끓인 뒤 불에서 내려 삶은 달걀을 곁들여 먹는다.

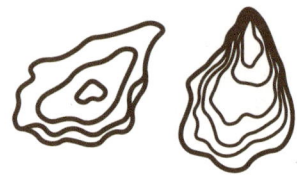

굴찜과 파슬리 버터 소스

칼로리	지방	단백질	탄수	식이	1인분
654kcal	61g	16.7g	9.7g	0g	기준

| 재료 | 3인분

- 굴(껍질째) 5kg
- 버터 200g
- 다진 마늘 1작은술
- 말린 파슬리 1작은술
- 소금 약간
- 레몬 2개

싱싱한 굴이 많이 나오는 계절이면 굴찜으로 호사를 부려보세요. 세계 어디를 봐도 우리나라만큼 굴이 싼 나라는 흔치 않거든요. 통통한 굴에 따끈한 버터 소스와 레몬즙을 끼얹어 먹으면 이곳이 바로 천국!

1. 굴을 흐르는 물에 한 번 씻은 뒤 아래의 방법 중 원하는 방법으로 찐다.

2. 굴이 익는 동안 작은 소스용 냄비에 버터, 다진 마늘, 말린 파슬리를 넣어 약 불에 올려 버터를 녹인다(또는 전자레인지용 용기에 담아 전자레인지에서 녹인다).

3. 버터가 모두 녹아 액체 상태가 되면 버터 위로 떠오르는 하얀 거품을 대충 걷어내고 소금으로 간한다.

4. 1의 굴이 익으면 껍데기 한쪽만 떼어내고 3의 파슬리 버터 소스를 숟가락으로 떠서 올린 후 레몬즙을 추가해 먹는다.

굴을 냄비에 찌는 방법

1. 큰 냄비에 물이 3cm 정도 높이가 되도록 부은 후 굴 껍질 중 볼록한 면이 아래로 가도록 냄비 바닥에 차곡차곡 쌓는다.
2. 뚜껑을 덮고 센 불에 올린 후 바닥의 물이 끓는 소리가 나면 중간 불 이상 센 불에서 일부 굴 껍데기가 벌어질 때까지 찐다(약 20여 분).

굴을 오븐에 찌는 방법

1. 가장자리에 턱이 있는 큰 오븐 팬에 굴 껍데기 중 볼록한 면이 아래로 가도록 놓은 후 오븐 팬 바닥에 1cm 높이로 물을 붓는다.
2. 250℃ 예열한 오븐에 1을 넣어 20분간 익힌다.

조개 버터 와인 찜

칼로리	지방	단백질	탄수	식이	1인분
570kcal	41.5g	26g	15.5g	2.5g	기준

| 재료 | 2인분

- **버터** 70g
- **양파** 1/2개
- **셀러리** 5cm
- **바지락과 피홍합** 4~5컵
- **소시지** 100g
- **방울양배추** 6개
- **단맛 없는 화이트 와인** 1/3컵
- **레드 페퍼 플레이크** 약간
- **파슬리** 약간

✓ 1컵 = 240ml

1. 양파는 채 썰고 셀러리는 잘게 썬다. 소시지는 먹기 좋은 크기로 썰고 방울 양배추는 반으로 가른다.

2. 깊이가 낮고 지름이 넓은 냄비에 버터 40g을 녹이고 양파와 셀러리를 볶는다.

3. 양파가 약간 투명해지면 방울양배추와 소시지를 넣고 볶다가 바지락과 피 홍합을 넣고 고루 섞는다.

4. 화이트 와인을 붓고 뚜껑을 덮은 후 센 불로 키워 조개류를 익힌다.

5. 약 5분 후 조개들이 입을 벌리면 냄비 뚜껑을 열고 뒤적이며 남아 있는 화 이트 와인 알코올을 날려준다.

6. 불을 줄이고 버터 30g을 넣어 녹인 후 파슬리와 레드 페퍼 플레이크를 뿌린다.

어쑤언

칼로리	지방	단백질	탄수	식이	1인분
386kcal	30g	20g	6.5g	1g	기준

| 재료 | 2인분

- 달걀 4개
- 굴 200g
- 참기름 1/4작은술
- 다진 **쪽파**(또는 대파) 3큰술
- 숙주 100g
- 라드 3큰술
- 액젓·소금 약간씩

굴이 들어간 태국식 달걀 요리인 어쑤언은 제가 제일 좋아하는 태국 음식 중 하나예요. 원래는 달걀을 휘저어 익히면서 전분물을 넣어 부분부분 쫀득하고 바삭한 식감을 내도록 만들지만 전분 없이 달걀로만 만들어도 맛있어요.

1. 달걀에 액젓 서너 방울을 넣어 잘 풀어준 후 나머지 간은 소금으로 맞추고 다진 쪽파와 참기름을 넣어 섞는다.

2. 팬에 라드를 넉넉히 넣어 녹이고 1의 달걀물을 부은 후 달걀이 약간 익으면 굴을 골고루 얹는다.

3. 뒤집을 수 있을 정도로 달걀이 익으면 굴 위에 숙주를 얹고 뒤집은 후 센 불에 익힌다(불이 약하면 굴과 숙주에서 물이 나와 질척해진다).

꽁치 쌈장

칼로리	지방	단백질	탄수	식이	1인분
265kcal	23g	10g	4.5g	0.5g	기준

| 재료 | 4인분

- **꽁치 통조림**(400g) 1캔(건더기만은 280g)
- **집된장** 1큰술
- **양파** 1/3개
- **청양고추** 2개
- **생들기름** 3큰술
- **고춧가루** 1작은술
- **통깨** 약간

이름은 쌈장이지만 짜지 않아 로메인에 듬뿍 올려 먹어요. 아삭아삭한 로메인과 함께 먹으면 포만감이 있어 한 끼 식사로도 훌륭하지만, 뭔가 아쉽다면 국 종류만 하나 추가해주세요.

1. 꽁치 통조림에서 건더기만 건져내 숟가락으로 으깬다.

2. 양파와 청양고추는 잘게 썬다.

3. 모든 재료를 함께 고루 섞는다.

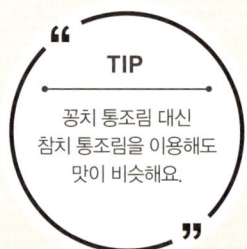

TIP

꽁치 통조림 대신 참치 통조림을 이용해도 맛이 비슷해요.

참치 샐러드 오픈 샌드위치

칼로리	지방	단백질	탄수	식이	1인분
398kcal	31.5g	17.5g	14g	8.5g	기준

| 재료 | 2인분

- **파프리카**(큰 것) 1개
- **참치 통조림** 100g
- **마요네즈** 1큰술
- **다진 양파** 1큰술
- **할라피뇨 병절임** 3~4조각
- **삶은 달걀** 2개
- **아보카도** 1개
- **후추** 약간

빵 대신 파프리카를 번으로 사용한 참치 샐러드 샌드위치예요. 파프리카의 오목한 부분에 수분 많은 참치 샐러드를 담으면 오픈 샌드위치로 먹기 좋아요.

1. 번으로 쓸 파프리카는 가운데 씨 있는 부분은 버리고 세로로 잘라 오목한 모양 2개를 만든다.

2. 할라피뇨는 잘게 다지고 삶은 달걀과 아보카도는 샌드위치에 올리기 좋도록 슬라이스한다.

3. 참치 통조림의 내용물을 꺼내 물기를 꼭 짠 다음 다진 양파, 할라피뇨, 마요네즈, 후추를 넣어 잘 섞는다.

4. 파프리카의 오목한 부분에 3의 참치 샐러드를 담고 그 위에 아보카도와 달걀을 얹은 후 후추를 뿌린다.

마스카르포네 연어

칼로리	지방	단백질	탄수	식이	1인분
875kcal	71.5g	45g	10g	0g	기준

| 재료 | 2인분

- **연어**(스테이크용) 2조각(350g)
- **마스카르포네** 350g
- **레몬** 1개(또는 라임 1½개)
- **마늘 가루** 1/4작은술
- **소금** 1/4작은술
- **연어에 뿌릴 소금** 약간

인스타그램을 통해 한 이탈리아 분이 만든 것을 보고 비슷하게 따라 해봤는데 쉽고 맛있어요. 연어에서 나온 즙과 레몬향이 함께 어우러진 녹은 마스카르포네를 소스 삼아 듬뿍 끼얹어 먹습니다.

1. 레몬의 2/3는 즙을 짜놓고 나머지 1/3은 얇게 슬라이스한다.

2. 마스카르포네에 1의 레몬즙, 마늘 가루, 소금을 넣어 잘 섞는다.

3. 오븐용 용기에 2의 마스카르포네를 깔고 연어에 소금을 살짝 뿌려 얹은 후 그 위에 슬라이스한 레몬을 올린다.

4. 200℃로 예열한 오븐에 20분간 굽는다.

> **TIP**
>
> 구운 채소나 샐러드 등 채소 요리를 준비해 함께 먹으면 맛있고 영양가 있는 식사가 됩니다.

키토식 생선전

칼로리	지방	단백질	탄수	식이	1인분
222kcal	16.3g	17.3g	0.3g	0g	기준

명절에 모여 전을 부치다가 일반식을 하는 제 막내 동서의 아이디어로 탄생한 키토식 생선전이에요. 밀가루를 묻히지 않고 달걀만 입혀 생선전을 구우면 전이 너무 약하고 잘 부스러지는데 식힌 후 달걀을 한 번 더 입혀 구우면 밀가루 입혀 구운 생선전과 식감도 맛도 거의 같아요. 막내 동서 덕분에 저희 부부는 명절날 생선전만큼은 마음껏 먹어요. 명절에 시댁으로 전 부치러 갈 땐 라드 한 병도 꼭 챙겨갑니다.

| 재료 | 3인분(1인분 3~4조각)

- 포 뜬 생선(동태·대구·민어 등) 250g
- 달걀 2개
- 소금·후추 약간씩
- 라드 3큰술

1. 포 뜬 생선을 완전히 해동한 다음 채반에 펼쳐 소금과 후추를 뿌린 후 1~2시간 이상 수분을 빼준다(날씨가 더울 땐 냉장고에 둔다).

2. 달걀을 잘 풀어 소금으로 간한다.

3. 팬에 라드를 녹이고 1의 생선을 2의 달걀물에 담가 올린 뒤 앞뒤로 굽는다(조심스럽게 뒤집는다).

4. 생선전을 식힌 후 다시 한 번 달걀물을 묻혀 굽는다.

TIP

- 생선 살에 소금을 뿌려 수분을 좀 제거해야 비린 맛도 없어지고 살도 좀더 단단해져요.

- 저는 명절이 아니어도 이 레시피 분량의 2~3배 정도를 한꺼번에 만들어 냉동실에 두고 먹습니다. 그대로 프라이팬에 데워도 먹고 전골에 넣어 먹기도 해요.

날치알 마요 연어구이

칼로리	지방	단백질	탄수	식이	1인분
472kcal	32g	42g	3g	0g	기준

| 재료 | 2인분

- **연어**(스테이크용) 2조각(350g)
- **마요네즈** 4큰술
- **날치알** 3큰술
- 다진 **대파** 4큰술
- 다진 **청양고추** 1개
- **소금** 약간

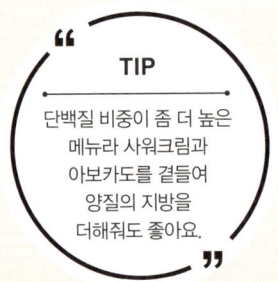

TIP

단백질 비중이 좀 더 높은 메뉴라 사워크림과 아보카도를 곁들여 양질의 지방을 더해줘도 좋아요.

톡톡 씹히는 식감의 날치알과 구운 대파, 마요네즈의 조합은 누구나 좋아할 맛이에요. 날치알에는 대부분 설탕이 들어 있으니 물에 한 번 헹궈서 사용합니다.

1. 날치알은 냉장실에서 완전히 해동시킨 후 찬물에 잠깐 담갔다가 헹군 후 체에 밭쳐 물기를 최대한 뺀다.

2. 마요네즈에 다진 대파와 청양고추, 날치알을 넣고 잘 섞은 후 소금으로 간 한다.

3. 오븐용 용기에 연어를 담고 2의 마요네즈를 연어 위에 고르게 펴 올린 후 200℃로 예열한 오븐에서 25~30분간 굽는다.

TIP

구운 채소나 올리브 오일을 듬뿍 뿌린 잎채소 샐러드를 곁들이면 든든한 식사가 돼요.

총알 오징어* 버터 통구이

칼로리	지방	단백질	탄수	식이	1인분
474kcal	33g	39g	7.5g	0g	기준

| 재료 | 2인분

· **총알 오징어** 500g

· **라드** 2큰술

· **버터** 40g

· **레몬즙** 약간

✓ 총알 오징어: 몸길이 10cm 정도의 소형 오징어.

내장까지 먹을 수 있는 총알 오징어는 보통 쪄서 먹지만 버터에 통째로 구워도 맛있어요. 내장이 짭짤하므로 간을 따로 안 해도 됩니다.

1. 프라이팬에 라드를 녹이고 총알 오징어를 올린 후 센 불에 뒤집으며 고루 굽는다.

2. 오징어 색이 변하면 불을 낮추고 버터를 넣어 녹인 후 녹은 버터를 끼얹어 주며 내장 속까지 익힌다.

3. 레몬즙을 뿌려 먹는다.

연어구이와 딜 홀랜다이즈

칼로리	지방	단백질	탄수	식이	1인분
574kcal	33g	41g	6.8g	3g	기준

| 재료 | 2인분

- **연어**(스테이크용) 2조각(총 350g)
- **홀랜다이즈 소스**(277쪽 참고) 2인분 (약 180g)
- **딜** 약간
- **아스파라거스** 200g
- **양송이** 5개
- **라드** 1큰술
- **버터** 20g
- **소금·후추** 약간씩

버터가 주재료인 홀랜다이즈 소스는 지방 지방한 소스지만 새콤한 맛이 강해서 지방이 많은 생선인 연어랑도 잘 어울려요. 신선한 딜을 다져 넣으면 더욱 좋아요. 향긋한 딜 향의 홀랜다이즈 소스는 연어와 특별한 궁합을 자랑한답니다.

1. 아스파라거스는 끓는 소금물에 살짝 데친 후 찬물에 헹궈 식힌다.

2. 양송이는 얇게 썰어 버터를 녹인 팬에 볶는다. 소금, 후추로 간한다.

3. 홀랜다이즈 소스에 딜을 적당히 다져 넣고 섞는다.

4. 연어는 소금과 후추를 살짝 뿌린 후 라드를 녹인 팬에 구워낸다.

5. 접시에 데친 아스파라거스, 볶은 양송이, 연어 스테이크를 담고 3의 딜 홀랜다이즈 소스를 끼얹어 먹는다.

TIP

향이 좋은
올리브 오일을
써야 맛있어요.

스페인식 문어 숙회

칼로리	지방	단백질	탄수	식이	1인분
257kcal	21g	14g	2.5g	0g	기준

| 재료 | 2인분

- **자숙 문어** 200g
- **올리브 오일** 3큰술
- **파프리카 가루** 약간
- **소금·후추** 약간씩

파프리카 가루를 뿌려 올리브 오일에 흠뻑 잠긴 것처럼 나오는 스페인의 문어 요리는 별 양념이 없는데도 참 맛있어요. 그 부들부들한 문어의 식감과는 다르지만 얇게 썬 문어 숙회를 보면 스페인 문어 요리를 떠올리며 올리브 오일을 듬뿍 뿌려 먹기도 해요.

1. 자숙 문어는 얇게 썰거나 작게 깍둑썰기 한다.

2. 문어를 접시에 깔고 소금과 후추를 뿌린 후 올리브 오일을 듬뿍 끼얹고 파프리카 가루를 고루 뿌린다.

Chapter 4

채소, 샐러드

오이지 볶음, 오이지 담그기

칼로리	지방	단백질	탄수	식이	1인분
86kcal	7.2g	1.2g	4.5g	1.4g	기준

|재료| 4인분

- **오이지**(소금으로만 담근 것) 3개
- **대파** 1대
- **다진 마늘** 1작은술
- **아보카도 오일** 2큰술
- **고춧가루** 약간
- **통깨** 약간
- **소금**(또는 액젓) 약간

저는 엄마가 오이지를 늘 볶아주셔서 오이지는 볶아서만 먹는지 알았어요. 고등학생 때 친구의 도시락 반찬에서 오이지 무침을 처음 봤고, 오이지를 물에 띄워서 먹는다는 이야기는 결혼하고 남편한테 처음 들었고요. 어릴 적 좋아하던 반찬인 오이지 볶음은 저탄고지 식단에도 괜찮아서 매년 오이지를 담그고 있어요. 오이지 볶음은 따뜻할 때보다 냉장고에 차갑게 보관했다가 먹어야 아작아작하고 맛있어요. 또 시판되는 단맛 나는 오이지가 아니라 소금으로만 담근 오이지로 볶아야 맛이 개운해요.

1. 오이지는 깨끗하게 씻어 얇게 썬 후 찬물에 담가 짠기를 뺀다.

2. 1의 오이지를 하나 집어 먹어보고 짠기가 적당히 빠졌으면 물기를 꼭 짠다.

3. 대파는 잘게 다진다.

4. 웍에 아보카도 오일을 두르고 다진 대파와 마늘을 약중간 불에 충분히 볶아 향을 낸 후 오이지를 넣어 볶는다.

5. 고춧가루를 약간 넣어 색이 나게 볶은 후 모자라는 간은 소금이나 액젓 한 두 방울을 넣어 맞춘다.

오이지 담그기

1. 오이를 씻어 오이지를 담글 용기에 차곡차곡 담은 후 오이가 잠기게 물을 붓고 그 물을 다시 따라내어 물의 부피를 잰다.

2. 물 부피의 1/8~1/6 양이 되는 천일염을 1의 물에 녹여 팔팔 끓인다.

3. 소금물이 뜨거울 때 오이에 부어 오이가 물에 뜨지 않도록 눌러놓는다.

4. 이틀 후 물만 따라내어 다시 팔팔 끓인 후 뜨거울 때 오이에 붓고 그대로 둔다(오이가 뜨지 않게 계속 눌러놓는다).

5. 이틀 후 물만 따라내어 팔팔 끓인 후 식혀서 오이에 붓고 식초를 쪼르르 한 두 바퀴 둘러준다. 열흘 정도 지난 후 오이지가 새콤하게 익은 냄새가 나면 먹는다.

TIP

저는 한 번에 오이 열 몇 개 정도씩 소량을 담가먹는데 아파트 생활이 보편적인 요즘 이렇게 적은 양은 항아리 대신 스테인리스 용기 등을 이용할 수 있어 좋아요. 필요한 물의 양을 측정하기도 편하고, 이렇게 물 양을 먼저 측정한 다음 소금 양을 계산하면 소금물이 모자라 추가로 끓여 붓고 하는 수고를 덜 수가 있어요.

오븐에 구운 토마토

칼로리	지방	단백질	탄수	식이	1인분
78kcal	7g	0.9g	3.9g	1.2g	기준

| **재료** | **6인분 이상**(1인분 4조각)

- **토마토** 5개
- **아보카도 오일** 약간
- **올리브 오일** 적당량
- **발사믹 식초** 1큰술
- **레드 와인 식초** 1큰술
- **소금·후추** 약간씩

구운 토마토는 감칠맛이 폭발하듯 맛있어요. 간혹 그냥 먹기에 맛이 없는 토마토를 구입하게 되더라도 이렇게 구워 저장하면 충분히 맛있게 먹을 수 있어요. 올리브 오일이 흥건하게 묻은 채로 잎채소에 올려 샐러드로 먹거나 샌드위치에 소로 넣어요. 구운 토마토를 얹은 샐러드는 오일, 식초, 소금과 후추만 뿌려도 아주 맛있어요.

1. 토마토는 1~1.5cm 두께로 도톰하게 썬다.

2. 넓은 오븐 팬에 토마토를 한 겹으로 깔고 아보카도 오일을 약간 뿌린 후 소금과 후추를 살짝 뿌린다.

3. 220℃로 예열한 오븐에서 30분간 구운 후 불을 끄고 잔열에 수분이 좀 더 날아가도록 오븐 속에서 식힌다.

4. 토마토가 식으면 용기에 차곡차곡 담은 후 발사믹 식초와 레드 와인 식초를 끼얹고 토마토가 잠기도록 올리브 오일을 붓는다.

5. 뚜껑을 닫아 냉장고에 보관한다.

TIP

- 2~3주 이상 냉장 보관해 먹을 수 있어요. 토마토가 오일에 충분히 잠기지 않으면 곰팡이가 필 수 있으니 오일을 충분히 부어주세요.
- 냉장 온도에선 올리브 오일이 굳으니 먹기 전에 미리 실온에 잠시 꺼내놨다가 사용합니다.

TIP

구운 고기나 생선, 모둠
채소 등 어떤 식재료와도
잘 어울리므로 넉넉히 만들어
다양한 요리에 토핑으로
활용해요.

TIP

달걀, 생선, 고기 등
어떤 종류의 단백질
중심의 메인 메뉴와도
잘 어울려요.

가지 치즈 라타투이*

칼로리	지방	단백질	탄수	식이	1인분
338kcal	28.5g	11.1g	11g	4g	기준

| **재료** | 8인분

- **가지** 3~4개(600g)
- **토마토** 3~4개(600g)
- **양파** 1½개(300g)
- **치즈**(모차렐라·프로볼로네 등 반경성 치즈류) 300g
- **올리브 오일** 150ml
- 말린 **오레가노** 2큰술
- **소금·후추** 약간씩

✓ 라타투이(ratatouille) : 프랑스 프로방스 지역에서 유래한 채소 스튜 요리로 토마토, 쥬키니, 양파, 피망 등 여름 채소가 주로 사용된다.

TIP

- 열을 가하는 요리에는 가능하면 올리브 오일을 안 쓰려고 하는 편인데 라타투이만큼은 올리브 오일을 듬뿍 넣어야 맛있더라고요. 라타투이에 올리브 오일을 안 쓰시려면 아보카도 오일로 대체해 만들어보세요.
- 치즈가 엉겨 붙어 설거지하기가 힘드니 이 요리만큼은 코팅된 웍을 사용해야 편리해요.

기존의 라타투이에 올리브 오일도 듬뿍, 치즈도 듬뿍, 오레가노도 듬뿍 넣었더니 녹진함과 묵직한 맛의 특별한 라타투이가 되었어요. 단백질 중심의 메인 메뉴와도 잘 어울리고, 냉장 보관했다가 조금씩 덜어 데워 먹을 수 있어서 한 번에 많이 만들어두면 편해요. 저는 데울 때 치즈를 추가로 얹기도 해요. 많은 분이 직접 요리해보고 맛있다며 좋아해주신 인기 메뉴예요.

1. 가지, 토마토, 양파는 모두 슬라이스한다.

2. 냄비나 웍에 올리브 오일 중 일부를 넉넉히 두르고 토마토, 가지, 양파 순으로 반복하며 깐다.

3. 소금과 후추를 뿌린 후 나머지 올리브 오일과 오레가노를 넣고 뚜껑을 덮어 약중간 불에 20분간 뭉근히 끓인다.

4. 20분 후 3의 채소를 고루 섞은 다음 치즈를 올리고 다시 뚜껑 덮어 10분간 익힌다.

5. 녹은 치즈와 함께 라타투이를 고루 저어주고 소금과 후추로 간을 맞춘다 (채소 종류나 계절에 따라 수분이 많이 나올 수 있는데 국물이 많은 게 싫으면 마지막에 저으며 좀 더 끓여준다).

[채소 비율 조정하기]

채소의 종류나 양은 취향에 따라 얼마든지 조정해도 돼요. 저는 가지 2 : 토마토 2 : 양파 1 : 치즈 1의 무게 비율로 재료를 사용했어요.

청경채 버터 식초 볶음

칼로리	지방	단백질	탄수	식이	1인분
88kcal	8.5g	1.4g	2.5g	1g	기준

| 재료 | 2인분

- **청경채** 4~5포기(200g)
- **버터** 20g
- **리퀴드 아미노스** 2작은술
- **식초** 1작은술

청경채를 버터에 볶아서 리퀴드 아미노스와 식초로 맛을 내면 어떤 요리와도 잘 어울리는 사이드 메뉴가 돼요. 식초는 새콤한 맛을 내기보다는 감칠맛을 더하기 위해 넣어요.

1. 청경채는 크기에 따라 세로로 4~5등분한 뒤 깨끗이 씻는다.

2. 웍에 버터를 녹이고 청경채를 넣은 후 가장 센 불로 키워 뒤적거리며 익힌다.

3. 리퀴드 아미노스와 식초를 2의 웍 빈 곳에 넣어 바글바글 끓인 후 청경채와 고루 섞으며 볶는다.

버터 간장 브로콜리

칼로리	지방	단백질	탄수	식이	1인분
182kcal	17g	3g	6.5g	2.5g	기준

| 재료 | 2인분

- 손질한 **브로콜리** 200g
- **버터** 40g
- **리퀴드 아미노스** 2작은술

일반식을 먹을 때에도 종종 만들어 먹던 브로콜리 요리인데, 지금은 달라진 게 있다면 버터를 더 듬뿍 넣는다는 것이죠. 만들기도 간단하고 맛도 좋은 채소 요리예요.

1. 브로콜리는 한 입 크기로 자른다.

2. 바닥이 넓은 팬이나 냄비에 물을 밥숟가락으로 3~4번 떠 넣은 후 브로콜리를 담고 버터를 잘라 군데군데 올린 후 리퀴드 아미노스를 끼얹는다.

3. 뚜껑을 덮어 불에 올린 후 김이 오르고 물이 끓으면 뚜껑을 열고 바닥의 국물과 브로콜리를 뒤적여 섞으며 좀 더 익힌다(브로콜리를 푹 익히기보다는 아작거리는 식감이 남아 있을 정도로 익히는 편이 더맛있다).

TIP

완성한 버터 간장 브로콜리에 슬라이스 치즈 2장을 얹은 후 뚜껑을 덮고 약한 불에서 치즈를 살짝 녹여 함께 먹어도 좋아요.

크림치즈 오이

칼로리	지방	단백질	탄수	식이	1인분
166kcal	15.2g	3g	4.4g	0.7g	기준

| 재료 | 2인분(4조각)

- 오이 1개
- 크림치즈 100g
- 마늘 가루 1/6작은술
- 말린 **차이브** 1/4작은술

식사에 곁들이기도 괜찮고 키토 간식으로도 좋아요. 도시락을 싸기에도 좋은 메뉴라 2018년 봄 서울대에서 열린 '저탄고지 포럼' 도시락에 사이드 메뉴로 넣었는데 많은 분들이 좋아해주셨어요.

1. 실온에 둔 크림치즈에 마늘 가루와 말린 차이브를 고루 섞는다.

2. 오이를 가로로 이등분한 후 반을 갈라 씨 부분을 숟가락으로 제거하고 크림치즈를 듬뿍 채워 넣는다.

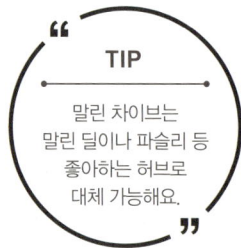

TIP

말린 차이브는
말린 딜이나 파슬리 등
좋아하는 허브로
대체 가능해요.

청양 파퍼

칼로리	지방	단백질	탄수	식이	1인분
178kcal	15.5g	6.5g	3.5g	0.5g	기준

| 재료 | 2인분

- **청양고추** 3개
- **크림치즈** 40g
- **베이컨** 80g
- **사워크림** 60ml

할라피뇨에 소를 넣고 빵가루를 입혀 튀긴 고추튀김을 할라피뇨 파퍼(Popper)라고 하는데, 빵가루 대신 베이컨으로 싸서 오븐에 굽기도 해요. 청양고추로 만든 뜨겁고 매운 키토식 파퍼를 차가운 사워크림에 푸욱 찍어 먹으면 너무 맛있어서 멈출 수가 없어요. 파티 음식이나 식전 요리로 어울려요.

1. 청양고추는 가능하면 꼭지를 남긴 채 반으로 갈라 씨를 털어낸다.

2. 반으로 가른 청양고추에 크림치즈를 가득 채운 후 적당한 길이로 자른 베이컨으로 돌돌 만다.

3. 200℃로 예열한 오븐에 30~40분간 굽는다.

매시드 콜리플라워

칼로리	지방	단백질	탄수	식이	1인분
159kcal	12g	4.7g	9.2g	3.2g	기준

| 재료 | 4인분

- **콜리플라워** 500g
- **마늘** 10쪽
- **생크림** 3큰술
- **버터** 30g
- **파르메산 치즈 가루** 20g
- 말린 **차이브** 약간
- **라드** 약간(마늘 구울 때 사용)
- **소금·후추** 약간씩

매시드 포테이토 못지않게 매시드 콜리플라워도 맛있어요. 만들 때 구운 마늘을 넉넉히 넣어야 콜리플라워 특유의 냄새를 덮어줘서 맛있답니다.

1. 마늘은 라드를 녹인 팬에 굴려가며 부드럽게 익을 때까지 노릇하게 굽는다.

2. 콜라플라워는 적당한 크기로 잘라 끓는 소금물에 넣어 익힌다.

3. 콜리플라워가 부드럽게 익으면 물을 완전히 따라내고 콜리플라워가 뜨거울 때 1의 구운 마늘, 버터, 생크림을 넣어 핸드 블렌더로 곱게 갈아준다.

4. 3에 파르메산 치즈 가루와 말린 차이브를 넣고 섞은 후 모자라는 간은 소금으로 맞추고 후추를 넣는다.

표고전

칼로리	지방	단백질	탄수	식이	1인분
219kcal	18g	8.5g	7g	2.5g	기준

| 재료 | 2인분

- 생표고 10개
- 달걀 2개
- 라드 2~3큰술
- 소금 약간

달걀만 입혀 구운 표고전은 밀가루를 묻히고 달걀을 입혀 부쳐낸 일반 표고전과 맛 차이가 거의 나지 않아요. 만들기도 쉽고 맛도 좋으니 표고가 저렴한 철에 꼭 만들어 먹어보세요.

1. 생표고는 밑동을 떼어내고, 달걀은 풀어 소금을 넣고 잘 섞는다.

2. 밀가루 없이 생표고에 달걀옷을 입히기가 쉽지 않으니 표고를 달걀에 푹 담갔다가 밑면에 달걀물을 채우듯 떠올려서 볼록한 겉면부터 굽다가 뒤집어 굽는다.

중국풍 배추 식초 볶음

칼로리	지방	단백질	탄수	식이	1인분
269kcal	26g	2g	6g	2g	기준

| 재료 | 1인분

• **배추** 150g

• **라드** 2큰술

• 다진 **마늘** 1/2작은술

• 다진(또는 채 썬) **생강** 1/4작은술

• **건고추** 1/2개

• **대파** 1/3대

• **리퀴드 아미노스** 1큰술

• **식초** 1/2큰술

배추가 맛있는 겨울철에 자주 만들어 먹는 채소 메뉴예요. 향신 재료로 향을 낸 기름에 배추를 센 불에 볶아 리퀴드 아미노스와 식초로 맛을 내면 냄새부터 얼마나 맛있는지 몰라요. 식초는 새콤한 맛을 내기보다는 감칠맛을 더하기 위해 넣어요.

1. 배추는 너무 잘지 않게 숭덩숭덩 자르고 건고추와 대파는 잘게 썬다.

2. 웍에 라드를 녹이고 약한 불에 대파, 생강, 마늘을 충분히 볶아 향을 낸 후 건고추를 넣어 좀 더 볶는다.

3. 불을 세게 키우고 배추를 넣은 후 고루 섞으며 볶는다.

4. 배추가 뜨거워지면 웍의 빈 곳에 리퀴드 아미노스와 식초를 넣어 바글바글 끓인 후 배추와 섞으며 볶는다(배추를 넣은 후 계속 센 불을 유지한다).

시래기 된장 버터 지짐

칼로리	지방	단백질	탄수	식이	1인분
229kcal	21.5g	3g	7.5g	1.5g	기준

| 재료 | 4인분

- 불린 **시래기** 200g
- **집된장** 3큰술
- **버터** 100g
- 다진 **마늘** 1큰술
- 다진 **파** 3큰술
- 진하게 우린 **멸치 육수** 1L
  (또는 물 1L + 멸치 가루 2큰술)

진한 멸치 육수, 된장, 버터가 어우러진 국물에 푹 지진 시래기의 조합은 먹어보지 않으면 상상이 잘 안 되는 맛일 텐데요. 저희 집에서는 엄마가 겨울철이면 종종 만들어 주시던 추억의 음식이에요. 어린 저의 입맛에도 버터 향이 나는 된장 국물이 참 맛있었던 기억이 나요.

1. 불린 시래기는 물기를 짠 뒤 먹기 좋은 길이로 잘라 집된장, 다진 마늘, 다진 파를 넣고 조물조물 버무린다.

2. 양념한 시래기에 멸치 육수(또는 물 + 멸치 가루)를 붓고 버터를 넣어 시래기에 맛이 들고 국물이 자작자작하게 졸아들 정도로 푹 끓인다.

[시래기 불리는 법, 보관하는 법]

마른 상태의 시래기가 충분히 잠기도록 찬물을 부어 불에 올린 후 끓기 시작하면 불을 줄이고 약한 불에 20분간 끓여내 하룻밤 그대로 놔둬요. 다음 날 시래기를 여러 번 깨끗하게 행군 후 겉도는 껍질을 벗기고 한 번 사용할 만큼씩 비닐봉지에 나눠 담고 물을 부어 함께 얼려요. 물과 함께 냉동해야 수분이 날라가지 않아서 시래기가 질겨지는 것을 방지할 수 있어요.

크림 양배추

칼로리	지방	단백질	탄수	식이	1인분
296kcal	28g	4.5g	8.3g	3g	기준

| 재료 | 4인분

- **양배추** 500g
- **베이컨** 100g
- **버터** 50g
- **생크림** 2/3컵
- **닭 육수**(또는 사골 육수) 1/3컵*
- **소금·후추** 약간씩

✓ 1컵 = 240ml

다큐멘터리 〈지방의 누명〉에서 스웨덴의 한 LCHF 식당이 소개됐는데 거기서 서빙되는 요리를 보고 비슷하게 만들어봤어요. 맛있고 든든해서 키토식 초반에 자주 먹었던 메뉴예요. 고기 중심의 메인 메뉴와 잘 어울려서 넉넉히 만들어놓으면 도시락 싸기에도 좋아요.

1. 양배추는 채 썰고 베이컨은 잘게 자른다.

2. 웍에 베이컨을 볶다가 베이컨이 노릇하게 익고 기름이 나오면 양배추와 버터를 넣고 볶는다.

3. 닭 육수와 생크림을 넣고 양배추가 부드럽게 익을 때까지 저어주며 끓인다(양배추가 부드럽게 익어야 맛있다).

4. 소금과 후추로 모자라는 간을 한다.

아스파라거스 파르메산 치즈 구이

칼로리	지방	단백질	탄수	식이	1인분
160kcal	13.5g	5.9g	5.8g	2.7g	기준

| 재료 | 2인분

- 아스파라거스 250g
- 파르메산 치즈(파미지아노 레지아노 또는 그라나 파다노) 20g
- 아보카도 오일 1½큰술
- 다진 마늘 1/2큰술
- 소금 1/4작은술
- 후추 1/4작은술

아스파라거스를 양념에 버무린 후 오븐에 넣어 굽기만 하면 되는 요리라 준비하기 편한 메뉴예요. 반면 너무 맛있어서 먹다 보면 '더 만들걸!' 늘 아쉬워하죠.

1. 파르메산 치즈는 그레이터를 이용해 곱게 간다.

2. 아스파라거스에 파르메산, 아보카도 오일, 다진 마늘, 소금, 후추를 넣고 고루 버무린 후 넓은 오븐 팬에 한 층으로 펼쳐놓는다.

3. 200℃로 예열한 오븐에서 13분간 굽는다.

> **TIP**
>
> 여기서 쓴 아스파라거스 굵기는 성인 여성의 새끼 손까락 정도이니 그보다 더 굵거나 가늘면 굽는 시간을 조정하세요.

한 층으로 펼쳐 구워주세요.

공심채 볶음

칼로리	지방	단백질	탄수	식이	1인분
187kcal	19.3g	3.1g	2g	0.6g	기준

요즘은 우리나라에서도 공심채를 구매할 수 있어요. 여름철에 특히 저렴해서 이때 자주 먹는 채소 요리예요. 기름을 넉넉히 넣고 볶아 먹어요.

| 재료 | 2인분
- **공심채** 200g
- **라드** 3큰술
- **액젓** 1작은술
- **다진 마늘** 1/2큰술
- **홍고추** 약간

1. 공심채는 씻어서 물기를 털어 10cm 길이로 자르고, 홍고추는 잘게 썬다.

2. 웍에 라드를 녹이고 다진 마늘을 넣어 약중간 불에 충분히 볶는다.

3. 마늘 향이 돌고 마늘이 노릇해지기 시작하면 공심채 줄기 부분을 넣어 볶는다.

4. 줄기가 익어 색깔이 변하면 액젓을 넣고 고루 볶은 후 잎 부분을 넣고 함께 볶는다.

5. 간을 보고 잘게 썬 홍고추를 넣고 섞으며 볶은 후 불에서 내린다.

어떤 종류건 구운 고기에 공심채 볶음만 곁들이면 맛있고 풍성한 한 끼가 됩니다.

양배추 코코넛 오일 구이

칼로리	지방	단백질	탄수	식이	1인분
348kcal	30g	11.7g	10.5g	3.6g	기준

| 재료 | 2인분

- **양배추** 200g
- **브로콜리** 100g
- **소시지** 80g
- **코코넛 오일** 3큰술
- **이탤리언 시즈닝**(또는 원하는 허브) 약간
- **소금·후추** 약간씩

코코넛 오일은 열에 안전해 요리하기 적합한 오일이지만 저는 그 특유의 향 때문에 잘 안 쓰게 되더라고요. 하지만 양배추와 함께 버무려 오븐에 구우면 잘 어울리고 맛있답니다.

1. 양배추와 브로콜리는 먹기 좋게 사방 3~4cm 크기로 자르고, 소시지는 0.5cm 두께로 자른다.

2. 양배추와 브로콜리에 코코넛 오일, 소금, 후추, 이탤리언 시즈닝(또는 허브) 을 넣어 고루 버무린 후 소시지와 함께 섞는다.

3. 넓은 오븐 팬에 펼친 후 200℃로 예열한 오븐에서 30분간 굽는다.

양배추 참치 볶음

칼로리	지방	단백질	탄수	식이	1인분
161kcal	12.6g	8.3g	4.9g	2g	기준

| 재료 | 4인분

• **양배추** 300g

• **피망** 1/2개

• **참치 통조림** 1캔(150g)

• **아보카도 오일** 2큰술

• **소금·후추** 약간씩

오래전 82쿡 사이트에서 어느 분이 식당 반찬으로 나온 양배추 참치 볶음이 특이하면서도 맛있었다고 알려주셨어요. 냉장고에 뒀다가 차가운 채로 먹어도 맛있어요.

1. 양배추와 피망은 채 썰고, 참치 통조림은 물기를 빼고 건더기만 준비한다.

2. 웍에 아보카도 오일을 두르고 양배추를 넣어 살캉하게 볶다가 소금과 후추로 간한 뒤 피망과 참치를 넣고 볶는다. 모자라는 간은 소금으로 맞춘다.

삼겹살용 콩나물 파무침

칼로리	지방	단백질	탄수	식이	1인분
189kcal	14.2g	6.9g	13.2g	5.9g	기준

| 재료 | 2인분

- 콩나물 300g
- 대파 100g
- 다진 **마늘** 1작은술
- **생들기름** 2큰술
- **고춧가루** 1큰술
- **액젓** 2작은술
- **통깨** 약간

삼겹살을 구워 먹을 때 콩나물 파무침을 만들어 함께 먹는 걸 좋아해요. 특히 대패 삼겹살을 구우며 한쪽에 콩나물 파무침을 살짝 구워 함께 먹으면 대패 삼겹살 전문 식당에서 회식하는 느낌이 물씬 나지요.

1. 콩나물은 끓는 소금물에 약 5분간 데친 후 채반에 밭쳐 식힌다.

2. 대파는 길게 반 가른 후 어슷하게 썬다.

3. 콩나물에 대파와 나머지 양념 재료를 모두 넣고 액젓을 조금씩 넣어 간을 맞추며 버무린다.

4. 삼겹살을 구울 때 팬 한쪽에서 대파의 매운 기가 없어질 정도로만 구워 함께 먹는다.

오이 피클

칼로리	지방	단백질	탄수	식이	1인분
14kcall	0.1g	0.6g	3.3g	0.5g	기준

| 재료 | 10인분

- 오이(큰 것) 3개
- 물 1컵*
- 식초 100ml
- 에리스리톨 50g
- 꽃소금 1큰술
- 피클링 스파이스* 1큰술
- 월계수 잎 2장

✓ 1컵 = 240ml

✓ 피클링 스파이스(pickling spice): 피클 같은 절이는 식품을 만들 때 쓰는 혼합 향신료로 시판되는 피클링 스파이스에는 겨자 씨앗, 코리엔더 씨앗, 딜 씨앗, 후추, 계피 등이 들어 있다.

전문 파스타 집에 가면 맛볼 수 있는, 아삭하고 새콤하면서 달짝지근한 수제 오이 피클이에요. 대체 감미료로 낸 단맛을 즐기는 걸 권장하지는 않지만 키토식이 느끼해서 식사가 힘들다면 새콤달콤한 키토 오이 피클이 도움이 될 거예요.

1. 오이는 길이로 반을 가른 후 1~1.5cm 두께로 도톰하게 잘라 내열 용기에 담는다.

2. 냄비에 물, 식초, 에리스리톨, 꽃소금, 피클링 스파이스와 월계수 잎을 넣어 팔팔 끓인 후 뜨거울 때 1의 오이에 붓는다(처음에는 오이가 다 안 잠기지만 나중에 오이에서 수분이 나오면서 국물이 넉넉해져 충분히 잠기게 된다. 뜨거운 피클 국물을 부은 후 한 번씩 오이를 스푼 등으로 눌러 푹 잠기게 해준다).

3. 완전히 식으면 냉장 보관하고 하루 묵힌 후 먹는다.

양배추 피클

칼로리	지방	단백질	탄수	식이	1인분
12kcal	0.1g	0.7g	2.8g	1.2g	기준

| 재료 | 6인분
- 양배추 300g
- 물 1컵*
- 식초 1/2컵*
- 에리스리톨 2큰술
- 꽃소금 1작은술

✓ 1컵 = 240ml

라드에 튀긴 치킨과 환상 궁합! 배달 치킨 무처럼 잘 어울려요.

1. 양배추는 사방 3cm 크기로 잘라 내열 용기에 담는다.

2. 냄비에 물, 식초, 에리스리톨, 꽃소금을 넣고 팔팔 끓여 뜨거울 때 1의 양배추에 붓는다.

3. 완전히 식으면 냉장 보관하고 하루 묵힌 후 먹는다.

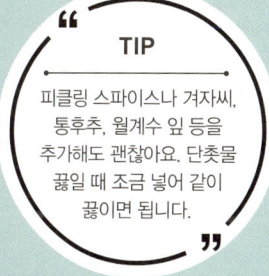

TIP

피클링 스파이스나 겨자씨, 통후추, 월계수 잎 등을 추가해도 괜찮아요. 단촛물 끓일 때 조금 넣어 같이 끓이면 됩니다.

콜리플라워 라이스

칼로리	지방	단백질	탄수	식이	1인분
100kcall	7.1g	3g	8g	3.8g	기준

| 재료 | 2인분

· 콜리플라워 300g

· 아보카도 오일 1큰술

· 파슬리 약간(선택 사항)

✓ 차퍼(food chopper) : 채소나 고기를 다지는 용도의 조리 기구.

콜리플라워 라이스를 만들 때 찜통에 찌거나 전자레인지에 익히거나 팬에 볶는 등여러 방법이 있지만 오븐에 굽는 편이 식감이 가장 좋고 많은 양을 한꺼번에 만들기에도 편해요.

1. 콜리플라워는 차퍼*나 치즈 그레이터를 이용해 쌀알 크기로 자른다.

2. 자른 콜리플라워와 아보카도 오일, 파슬리를 고루 섞은 후 넓은 오븐용 팬에 펼쳐서 200℃로 예열한 오븐에 10~15분간 굽는다.

> **TIP**
>
> 코코넛 갈비찜(64쪽 참고)처럼 걸쭉한 소스가 있는 요리에 곁들이면 특히 맛있어요.

TIP

치즈 소스의 토마토 펄프나 살사는 아라비아타 소스, 토마토 수프, 우유 등 어울릴 만한 액체 종류로도 대체 가능해요.

베이컨 치즈 버거 샐러드

칼로리	지방	단백질	탄수	식이	1인분
792kcal	63g	43.3g	10.6g	4.4g	기준

| 재료 | 1인분

- 로메인 50g
- 치즈 미트볼(110쪽 참고) 7개
- 토마토 1/2개
- 베이컨 3줄
- 슬라이스한 양파 약간
- 후추 약간
- 무설탕 케첩 약간

| 치즈 소스 |

- 슬라이스 체더치즈 2장
- 토마토 펄프(또는 살사) 2큰술
- 아보카도 오일 1큰술

베이컨 치즈 버거 재료를 볼에 담고(물론 빵은 빼고요) 잎채소 양을 듬뿍 늘리면 베이컨 치즈 버거 샐러드가 되는 거죠. 치즈버거 맛을 해치치 않기 위해 드레싱도 체더치즈를 이용해 만들었어요. 치즈 미트볼을 만들어 냉동시켜둔 게 있다면 뚝딱 만들 수 있어요.

1. 팬에 베이컨을 굽다가 기름이 충분히 나오면 치즈 미트볼을 넣어 데우듯이 굽는다.

2. 로메인과 토마토는 먹기 좋게 자른다.

3. 내열 용기에 슬라이스 체더치즈, 토마토 펄프, 아보카도 오일을 담아 전자레인지에 1분간 돌린 후 치즈가 녹으면 숟가락으로 고루 섞고 후추를 추가해 치즈 소스를 만든다.

4. 볼에 로메인을 담고 토마토, 양파, 치즈 미트볼, 베이컨을 올린 후 3의 치즈 소스를 끼얹고 무설탕 케첩을 약간 뿌린다.

TIP

이 샐러드는 신선한 생바질 잎을 사용해야 맛있어요. 말린 바질 잎으로 대체하면 그 맛이 나지 않으니 주의하세요.

토마토 올리브 샐러드

칼로리	지방	단백질	탄수	식이	1인분
264kcal	23g	2g	13.5g	3.5g	기준

| 재료 | 2인분

- **토마토** 500g
- **블랙 올리브** 10알
- **바질 잎** 6~7장(또는 그 이상)
- 다진 **양파** 2큰술
- 다진 **마늘** 1/2작은술
- **올리브 오일** 3큰술
- **발사믹 식초** 1½큰술
- **레드 와인 식초** 1큰술
- **후추** 약간

여름철에 즐기기 좋은 샐러드예요. 차갑게 뒀다가 한 그릇 먹으면 꼭 수박화채처럼 시원 달콤하고 맛있어요. 부라타나 생모차렐라 치즈를 곁들이면 간단한 한 끼 식사로도 좋아요.

1. 토마토는 먹기 좋게 6~8쪽으로 썰고 올리브와 바질 잎은 잘게 자른다.

2. 모든 재료를 고루 섞고 후추를 갈아 뿌린 후 냉장고에 차게 뒀다가 먹는다.

TIP

- 탄수화물의 양을 줄이려고 발사믹 식초 양을 줄이고 대신 레드 와인 식초를 같이 사용했어요(레드 와인 식초 대신 애플 사이더 식초 등 다른 식초를 사용해도 됩니다).
- 올리브를 듬뿍 넣기 때문에 소금을 따로 넣지 않아도 간이 맞아요. 필요하면 소금을 추가하여 간을 맞추세요.

베이컨 달걀 로메인 쌈

칼로리	지방	단백질	탄수	식이	1인분
616kcal	53g	28g	7g	4g	기준

| 재료 | 1인분

- 로메인 10장
- 베이컨 100g
- 삶은 달걀 3개
- 마요네즈 3큰술
- 다진 셀러리 2큰술
- 다진 양파 1/2큰술
- 소금·후추 약간씩

만들기 간편하면서 포만감도 크고 맛있어서 키토 식단 초반에 먹던 메뉴예요. 재료들을 따로 담아 가져가면 도시락 메뉴로도 좋아요.

1. 베이컨은 바삭하게 구워서 한 입 크기로 자른다.

2. 삶은 달걀을 포크로 으깨며 다진 셀러리, 양파, 마요네즈와 함께 섞은 후 소금과 후추로 간한다.

3. 로메인에 달걀 샐러드를 얹고 구운 베이컨을 올려 싸 먹는다.

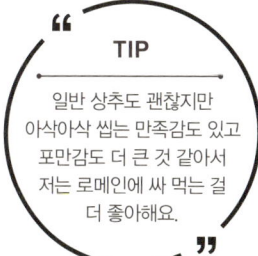

TIP

일반 상추도 괜찮지만 아삭아삭 씹는 만족감도 있고 포만감도 더 큰 것 같아서 저는 로메인에 싸 먹는 걸 더 좋아해요.

큐민 양념 연어구이 샐러드

칼로리	지방	단백질	탄수	식이	1인분
682kcal	51.5g	39.3g	18.8g	7.5g	기준

| 재료 | 1인분

- 연어(스테이크용) 150g
- 로메인·단호박 50g씩
- 방울양배추 3개
- 올리브 6알
- 토마토 1/2개
- 차지키*소스(282쪽 참고) 1인분(약 120g)
- 라드 2큰술
- 큐민 가루·파프리카 가루 약간씩
- 소금·후추 약간씩

✓ 차지키(tzatziki): 요구르트에 오이와 마늘·허브·식초 등을 넣어 만든 그리스 전통 요리로, 애피타이저나 소스로 사용된다.

고기나 생선을 구워 샐러드를 만들면 포만감도 있고 훌륭한 한 끼 식사가 되죠. 차지키 소스를 드레싱처럼 사용해 샐러드를 만들면서 연어에 큐민을 뿌려 구워 곁들였더니 이국적 느낌이 물씬나는 맛있는 조합의 샐러드가 되었어요.

1. 스테이크용 연어에 큐민 가루, 파프리카 가루, 소금과 후추를 고루 뿌린 후 라드를 두른 팬에 올려 겉면이 바삭해지도록 굽는다.

2. 방울양배추는 반으로 가르고, 단호박은 0.5cm 두께로 잘라 라드를 두른 팬에 넣고 소금과 후추를 뿌리며 노릇하게 굽는다.

3. 그릇에 로메인을 먹기 좋게 잘라 담고 구운 채소와 연어를 올린 후 올리브와 토마토를 담고 차지키 소스를 얹는다.

오이 딜 샐러드

칼로리	지방	단백질	탄수	식이	1인분
50kcal	3g	1.5g	5.5g	1g	기준

| 재료 | 2인분

- 오이 1개
- 양파 1/4개
- 사워크림 2큰술
- 레몬즙 1큰술
- 다진 딜 1큰술(또는 말린 딜 1/2작은술)
- 소금·후추 약간씩

새콤하고 향긋하면서 싱그러운 맛의 여름 샐러드예요. 남편이 특히 좋아해서 여름철에 마땅한 채소 메뉴가 없을 때 도시락에 사이드 메뉴로도 자주 이용해요.

1. 오이는 0.5cm 두께로 썰고 양파는 채 썬다.

2. 1의 오이와 양파에 소금 1/4작은술을 뿌려 고루 섞어 1시간 정도 절인다.

3. 절인 오이와 양파를 손으로 꼭 짜서 물기를 제거한 다음 사워크림, 레몬즙, 다진 딜, 후추를 넣어 섞는다.

4. 모자라는 간은 소금으로 맞춘 후 냉장고에 30분 이상 뒀다가 시원하게 먹는다.

TIP

닭 허벅지살과 새우 대신
베이컨을 구워 잘라
올려도 간단하고
맛있어요.

시저 샐러드

칼로리	지방	단백질	탄수	식이	1인분
695kcal	52.7g	49.7g	4.7g	3.3g	기준

| 재료 | 1인분

- 로메인 100g
- **시저 드레싱**(276쪽 참고) 1인분(약 30g)
- **닭 허벅지살** 150g
- 삶은 달걀 1개
- 새우살 50g
- 라드 1큰술
- **파르메산 치즈**(파미지아노 레지아노
  또는 그라나 파다노) 약간
- **소금·후추** 약간씩

TIP

도시락으로 쌀 땐 로메인을 드
레싱에 버무리지 말고 따로 담
아서 먹기 직전에 버무려야 수
분이 생기지 않아요.

시저 샐러드는 워낙 고칼로리, 고지방이라 예전에는 살찌는 샐러드라고 생각했어요. 하지만 시저 드레싱은 앤초비, 달걀노른자, 올리브 오일, 파르메산 치즈가 주재료이니 시저 샐러드에 들어가는 크루통만 빼면 이보다 더 좋은 '저탄고지' 샐러드가 없겠죠! 단, 시판 시저 드레싱은 피해야 해요. 크루통을 빼는 대신 가끔 피칸을 뿌려 먹기도 해요.

1. 닭 허벅지살과 새우는 라드를 두른 팬에 소금과 후추를 뿌리며 노릇하고 바삭하게 굽는다(뚜껑을 덮지 않거나 구멍 뚫린 기름 튐 방지 뚜껑을 사용해야 닭고기 겉이 바삭하게 구워진다).

2. 로메인을 먹기 좋은 크기로 잘라 시저 드레싱에 버무린 후 접시에 담고 닭 허벅지살, 새우살, 삶은 달걀을 얹는다.

3. 파르메산 치즈를 치즈 그레이터로 갈아서 올린 후 먹는다.

니스풍 샐러드

칼로리	지방	단백질	탄수	식이	1인분
545kcal	44g	26g	14g	6g	기준

| 재료 | 1인분

- 로메인 100g
- 올리브 오일에 든 **정어리 통조림**(또는 참치 통조림) 살만 건진 것 60g
- 삶은 **달걀** 2개
- 올리브 10알
- 토마토 1/2개
- 오이 1/2개
- **양파 비니그레트* 드레싱**(284쪽 참고) 2½큰술

✓ 비니그레트(vinaigrette): 오일과 식초에 소금을 섞어 만들며 향신료가 들어가기도 한다. 비니거 드레싱(vinegar dressing)이라고 부르기도 한다.

산뜻하고 가벼운 드레싱에 단백질이 많은 재료가 든든히 들어가는 니스풍(Nicoise) 샐러드는 여름이면 꼭 생각나는 샐러드예요.

1. 로메인, 토마토, 오이, 삶은 달걀은 모두 먹기 좋게 자른다.

2. 그릇에 로메인을 깔고 정어리와 함께 준비한 재료들을 얹고 양파 비니그레트 드레싱을 끼얹어 먹는다.

아보카도 참치 샐러드

칼로리	지방	단백질	탄수	식이	1인분
616kcal	55g	15g	21g	14g	기준

| 재료 | 1인분

· **아보카도** 1개

· **참치 통조림**(국물은 짜내고 살만 건진 것) 60g

· **마요네즈** 1½큰술

· 다진 **양파** 3큰술

· **파슬리** 약간

· **소금·후추** 약간씩

부드러운 아보카도와 짭짤 고소한 참치샐러드의 조합은 상상만으로도 벌써 맛있어요. 아보카도의 씨를 뺀 공간에 참치샐러드를 채워 넣으면 함께 떠먹기도 편해요. 아보카도 1개를 다 먹으면 배부른 한 끼가 되고 반 개씩 먹으면 사이드 메뉴로도 참 괜찮아요.

1. 참치에 다진 양파, 마요네즈, 파슬리를 넣고 잘 섞은 후 후추, 소금으로 간한다.

2. 아보카도를 반으로 갈라 씨를 빼내고 1의 참치 샐러드를 듬뿍 채운다.

3. 아보카도 과육과 함께 참치 샐러드를 숟가락으로 떠서 먹는다.

타코 샐러드

칼로리	지방	단백질	탄수	식이	1인분
692kcal	54g	30g	23g	10g	기준

| 재료 | 1인분

- **로메인**(또는 양상추) 50g
- **풀드 포크**(91쪽 참고) 140g
- **아보카도** 1/2개(또는 과카몰리, 275쪽 참고, 약 150g)
- **토마토** 1/2개
- **사워크림** 50g
- **체더치즈** 50g
- **양파**(또는 적양파) 약간
- **고수** 약간(선택 사항)

싸 먹는 재료 없이 이렇게 담아 먹는 타코를 타코볼이라고도 하죠? 풀드포크 만들어둔 것만 있으면 언제든 먹을 수 있는 타코 샐러드/타코볼이에요.

1. 로메인(또는 양상추)은 채 썰고, 아보카도와 토마토는 먹기 좋은 크기로 깍둑썰기 하거나 슬라이스한다. 양파는 가늘게 채 썰고 고수는 잘게 썬다.

2. 채 썬 로메인(또는 양상추)을 볼에 깔고 풀드 포크, 아보카도(또는 과카몰리), 토마토, 양파를 올린 후 체더치즈를 치즈 그레이터로 갈아 뿌려주고 사워크림과 고수를 얹어 먹는다.

TIP

베이컨을 구워 올려도
좋고 피칸이나 마카다미아
같은 견과류를 뿌려도
좋아요.

구운 연어 랜치 샐러드

칼로리	지방	단백질	탄수	식이	1인분
696kcal	60g	26.5g	17.7g	10.5g	기준

| 재료 | 2인분

- 로메인 150g
- 연어(스테이크용) 150g
- 삶은 달걀 2개
- 아보카도 1개
- 토마토 1개
- 올리브(작은 것) 20알
- 랜치 드레싱(279쪽 참고)
  2인분(약 150g)
- 라드 1큰술
- 소금·후추 약간씩

구운 연어와 달걀, 아보카도 등 맛있는 재료들을 듬뿍 올린 이 샐러드는 보기에도 화려하고 풍성해요. 그래서인지 손님 초대를 위해 메뉴를 짤 때 샐러드가 필요하면 제일 먼저 떠오르는 메뉴예요. 랜치 드레싱은 만들기도 간편하고 맛있는데다 냉장고에서 일주일 정도는 보관할 수 있으니 꼭 만들어보세요.

1. 스테이크용 연어는 소금을 살짝 뿌려 라드를 녹인 팬에 구운 뒤 식힌다.

2. 로메인은 2cm 너비로 썰고, 아보카도와 토마토는 먹기 좋게 슬라이스하거나 깍둑썰기 한다. 삶은 달걀도 먹기 좋게 자른다.

3. 접시에 로메인을 깔고 아보카도, 토마토, 올리브, 삶은 달걀을 올린 후 구운 연어를 손으로 부수어 올린다.

4. 랜치 드레싱을 얹고 후추를 갈아 뿌린 후 먹는다.

코브 샐러드

칼로리	지방	단백질	탄수	식이	1인분
622kcal	47.5g	39.5g	9g	4g	기준

| 재료 | 2인분

- **로메인**(또는 치커리) 100g
- 삶은 **달걀** 4개
- **올리브**(큰 것) 15알
- 삶은 **닭 가슴살** 120g
- **바질 페스토**(273쪽 참고) 2큰술
- **베이컨** 100g
- **토마토** 1개
- **고르곤졸라 치즈** 30g
- **양파 비니그레트 드레싱**(284쪽 참고) 5큰술

코브(cobb) 샐러드는 할리우드의 한 식당에서 처음 만들어 유래가 되었대요. 재료들을 잘게 잘라 만드는데 주로 상추, 닭고기, 삶은 달걀, 베이컨, 블루치즈가 들어가요. 키토 식단에 어울리는 재료라면 뭐든 추가해도 맛있겠죠. 만들어둔 바질 페스토가 있다면 익힌 닭 가슴살을 페스토에 버무려 넣어보세요. 샐러드 풍미도 좋아지고 지방량도 늘릴 수 있답니다.

1. 로메인(또는 치커리)은 1~2cm 너비로 채 썬다.

2. 베이컨은 1cm 너비로 잘라 바삭하게 굽고, 닭 가슴살은 깍둑썰기 해 바질 페스토에 버무린다.

3. 삶은 달걀은 깍둑썰기 하고 토마토는 씨 부분을 제거한 후 역시 깍둑썰기 한다.

4. 그릇에 채 썬 로메인(또는 치커리)을 깔고 베이컨, 닭 가슴살, 삶은 달걀과 토마토, 올리브를 얹고 고르곤졸라 치즈를 부스러뜨려 올린 후 양파 비니그레트 드레싱을 먹기 직전에 끼얹는다.

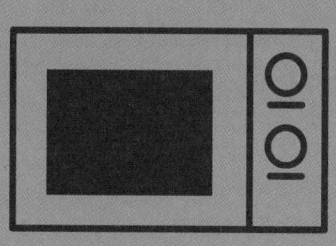

Chapter 5

분식 메뉴,
샌드위치

베트남식 돼지고기 비빔국수

칼로리	지방	단백질	탄수	식이	1인분
588kcal	45.8g	27.9g	19.3g	4g	기준

| 재료 | 2인분

- 돼지 앞다리살(불고기용) 300g
- 실곤약 2봉지(400g)
- 오이 1/2개
- 파프리카 1/2개
- 토마토 1개
- 로메인 3~4장
- 고수 약간
- 피칸 20g

| 비빔 양념 |

- 닭표 칠리 갈릭 소스* 2큰술
- 액젓 1큰술
- 에리스리톨 1큰술
- 올리브 오일 1큰술
- 레몬즙 3큰술

✓ 닭표 칠리 갈릭 소스: 포장에 닭 그림이 그려져 있어 흔히 '닭표'라고 부르는 후이 펑 푸드(Huy Fong Foods) 사의 제품 중 하나이다.

베트남풍의 맛있는 여름 비빔국수예요. 실곤약을 국수 대신 사용해서 불지 않기 때문에 도시락 메뉴로도 좋아요. 도시락을 쌀 땐 채소, 고기, 실곤약을 모두 용기에 담고 비빔 양념만 따로 담아 가서 먹을 때 섞어요.

1. 베트남식 돼지고기 구이 쌈(101쪽 참고) 레시피를 참고하여 돼지고기를 양념한 뒤 1장씩 노릇하게 굽는다.

2. 구운 돼지고기는 먹기 좋게 자르고, 오이와 파프리카, 로메인은 채 썬다.

3. 토마토는 6~8등분하고 피칸은 다진다.

4. 실곤약은 찬물에 헹궈 물기를 뺀 후 그릇에 담고 갖은 재료를 올린다.

5. 비빔 양념 재료를 잘 섞어 에리스리톨이 녹으면 4에 끼얹는다.

6. 다진 피칸을 뿌린 후 고루 섞어 먹는다.

TIP	돼지고기 대신 닭 허벅지살을 같은 양념으로 재워 구워 넣어도 맛있고 새우살을 버터에 구워 액젓으로 살짝 간한 후 넣어도 맛있어요.

우삼겹살 국수

칼로리	지방	단백질	탄수	식이	1인분
420kcal	25.5g	29.5g	16.5g	4g	기준

| 재료 | 2인분 이상

- 주키니 150g
- 우삼겹살 250g
- 무 100g
- 양파 100g
- 실곤약 200g
- 다진 마늘 1/2큰술
- 대파 1/2대
- 라드 1큰술
- 달걀 1개
- 국간장 1큰술
- 리퀴드 아미노스 1큰술
- 건표고 4장
- 다시마(4cm x 5cm) 3장
- 소금·후추 약간씩

〈집밥 백선생〉에 소개된 차돌박이 잔치국수가 맛있어 보여서 우삼겹살을 이용해 키토식으로 만들었어요. 맛간장을 쓰는 대신 맛국물을 만들어서 국물 맛을 내고, 채 썬 주키니 호박과 실곤약으로 면을 대신했어요. 채소 건더기가 많이 들어가기 때문에 국물은 약간 짭짤할 정도로 간을 해야 맛있어요.

1. 찬물 1L에 건표고와 다시마를 넣고 전자레인지에 7분간 돌린 후 그대로 식혀서 맛국물을 만든다.

2. 맛국물이 식으면 다시마는 건져내고 표고는 채 썬다.

3. 주키니는 스파이럴라이저 등을 이용해 국수 모양으로 자르거나 채 썰고, 무와 양파도 채 썬다. 대파는 어슷하게 썬다.

4. 웍에 우삼겹살을 1장씩 펼쳐가며 구운 후 라드를 더하고 무채를 넣어 센 불에 함께 볶는다.

5. 웍 가장자리로 리퀴드 아미노스와 국간장을 흘려 넣으며 바글바글 끓여 캐러멜라이즈한 후 우삼겹살, 무채와 섞는다.

6. 1의 맛국물, 양파, 표고를 5에 넣고 한소끔 끓인 후 실곤약과 주키니, 대파, 마늘을 넣고 주키니가 익을 정도로만 끓인다.

7. 국물 간을 국간장과 소금으로 짭짤한 듯하게 맞춘 후 건더기만 그릇에 나눠 담는다.

8. 남은 국물에 달걀을 풀어서 넣고 살짝만 익힌 후 후추를 뿌리고 건더기가 담긴 그릇에 나눠 담는다.

TIP

쪽파가 있다면 송송
썰어 얹어 먹어도
좋아요.

봉골레 파스타

칼로리	지방	단백질	탄수	식이	1인분
284kcal	20g	7g	13g	2g	기준

| 재료 | 1인분
- 주키니 180g
- 바지락 10개 내외(약 100g)
- 마늘 2쪽
- 방울토마토 2~3알
- 올리브 오일 1½큰술
- 단맛 없는 화이트 와인 2큰술
- 레드 페퍼 플레이크 약간
- 소금·후추 약간씩

주키니로 만든 국수를 이용한 봉골레 파스타예요. 소스 맛이 진하지 않은 봉골레 파스타에는 단맛이 많은 애호박보다 주키니가 더 잘 어울려요.

1. 주키니는 스파이럴라이저 등의 도구를 이용해 국수 모양으로 썬 후 소금을 약간 뿌려 수분이 빠지도록 체에 밭쳐둔다.

2. 마늘은 편으로 썰고, 방울토마토는 이등분한다.

3. 팬에 올리브 오일을 두르고 2의 마늘편을 약한 불에서 충분히 볶아 향을 낸다.

4. 불을 세게 키워 바지락을 넣고 뒤적인 후 조개가 뜨거워지면 화이트 와인을 넣고 뚜껑을 덮는다.

5. 조개들이 입을 벌리면 뚜껑을 열고 방울토마토를 넣은 후 팬에 남은 화이트 와인의 알코올이 날아가도록 뒤적거린다.

6. 소금과 후추로 국물 간을 맞춘 후 1의 주키니 국수를 넣고 빠르게 섞은 후 불에서 내린다.

7. 6을 그릇에 담고 레드 페퍼 플레이크를 뿌린다.

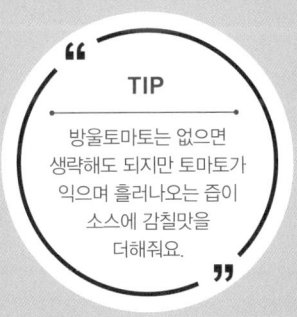

TIP

방울토마토는 없으면 생략해도 되지만 토마토가 익으며 흘러나오는 즙이 소스에 감칠맛을 더해줘요.

미트볼 아라비아타 파스타

칼로리	지방	단백질	탄수	식이	1인분
698kcal	55.3g	33.2g	17.4g	2.8g	기준

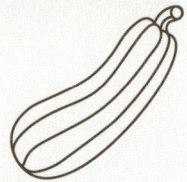

| 재료 | 2인분

- **치즈 미트볼**(110쪽 참고) 14개(280g)
- **주키니** 300g
- **아라비아타 소스**(278쪽 참고) 300g
- **올리브 오일** 2큰술
- 다진 **마늘** 1작은술
- **파르메산 치즈**(파미지아노 레지아노 또는 **그라나 파다노**) 20g
- **소금** 약간

만들어둔 치즈 미트볼과 아라비아타 소스만 있으면 순식간에 차려낼 수 있어요!

1. 주키니는 스파이럴라이저 등의 도구를 이용해 국수 모양으로 자른다.

2. 아라비아타 소스에 치즈 미트볼을 넣어 뜨겁게 데운다.

3. 팬에 올리브 오일과 다진 마늘을 넣고 약한 불에 충분히 볶아 마늘 향을 낸 후 소금으로 간을 한다.

4. 1의 주키니 국수를 3에 넣고 기름 코팅이 될 정도로만 섞는다.

5. 2의 미트볼을 넣어 데운 아라비아타 소스에 주키니 국수를 넣고 파르메산 치즈를 듬뿍 갈아 뿌려 먹는다.

> **TIP** | 주키니는 생으로도 먹기 때문에 간이 된 마늘 오일에 슬쩍만 버무려 소스와 함께 먹어도 맛있어요. 단, 소스와 미리 섞어두면 주키니에서 물이 나오기 때문에 도시락을 쌀 땐 소스를 깔고 주키니 국수를 위에 얹어만 주세요.

버섯 그레이비 미트볼 파스타

칼로리	지방	단백질	탄수	식이	1인분
870kcal	66.6g	33.8g	14.6g	3.4g	기준

| 재료 | 2인분

- **치즈 미트볼**(110쪽 참고) 14개(280g)
- **주키니** 300g
- **생크림** 150ml
- **표고** 4장
- 다진 **양파** 2큰술
- **라드** 1큰술
- **버터** 20g
- **파르메산 치즈**(파미지아노 레지아노 또는 그라나 파다노) 20g
- **소금·후추** 약간씩

1. 주키니는 스파이럴라이저 등의 도구를 이용해 국수 모양으로 자르고 표고는 채 썬다.

2. 팬에 라드를 녹이고 치즈 미트볼을 넣어 겉면을 노릇하게 구워 덜어낸다.

3. 미트볼을 구웠던 팬에 버터를 녹이고 표고를 굽다가 표고가 노릇해지면 다진 양파를 넣고 함께 볶는다.

4. 3에 생크림과 파르메산 치즈를 넣고 살짝 졸이듯 끓인다.

5. 주키니 국수와 미트볼을 넣고 고루 섞은 후 모자라는 간은 소금과 후추로 맞춘다.

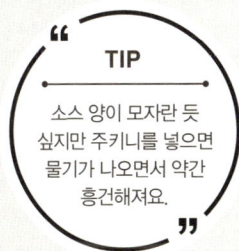

TIP

소스 양이 모자란 듯 싶지만 주키니를 넣으면 물기가 나오면서 약간 흥건해져요.

가지 라자냐

칼로리	지방	단백질	탄수	식이	1인분
515kcall	39g	23.8g	15.5g	7.8g	기준

| 재료 | 4인분

- **가지** 5개
- **볼로네제 소스**(272쪽 참고) 400g
- **슈레드 모차렐라 치즈** 200g
- **라드** 4~5큰술
- **파르메산 치즈**(파미지아노 레지아노 또는 그라나 파다노) 40g
- 말린 **파슬리** 약간

가지를 구워 라자냐 면을 대신하면 맛있는 키토 라자냐를 즐길 수 있어요.

1. 가지는 0.7~1cm 두께로 도톰하게 자른다.

2. 팬에 라드를 녹이고 가지를 올려 중간 불 이상 센 불에서 타기 직전의 브라운 색이 되도록 앞뒤로 구워 수분을 날려준다.

3. 오븐용 팬에 볼로네제 소스를 얇게 바른 다음 구운 가지를 한 겹으로 나란히 깔고 볼로네제 소스를 바른 후 그 위에 모차렐라 치즈를 올리고 파르메산 치즈를 갈아 뿌린다.

4. 3처럼 가지 – 볼로네제 소스 – 치즈 순으로 켜켜로 올리는 과정을 두어 번 더 반복한 후 맨 위층에는 모차렐라 치즈와 파르메산 치즈를 넉넉히 뿌리고 말린 파슬리를 솔솔 뿌린 후 200℃로 예열한 오븐에 20분간 굽는다.

TIP

- 가지를 충분히 구워서 넣어야 라자냐를 완성했을 때 국물이 흥건해지지 않아요.
- 바질 페스토(273쪽)와도 잘 어울리니 만들어둔 게 있다면 라자냐를 쌓을 때 한 층에만 바질 페스토를 추가로 발라서 만들어 보세요.

스팸 오니기라즈

칼로리	지방	단백질	탄수	식이	1인분
710kcal	59.5g	33.5g	12g	4.5g	기준

| 재료 | 2인분

- 스팸 1캔(200g)
- 달걀 4개
- 양배추 100g
- 아보카도 1/2개
- 슬라이스 치즈 4장
- 김밥용 김 2장
- 달걀용 라드 1큰술
- 마요네즈 약간
- 소금 약간

오니기라즈는 '쥐지 않는다'라는 일본말에서 유래했대요. 쥐어 만드는 주먹밥이 아니기 때문에 밥 없이 키토식으로도 만들 수가 있어요. 2018년 봄 서울대에서 열린 '저탄고지 포럼' 도시락을 기획할 땐 불고기가 들어간 오니기라즈를 주메뉴로 넣었어요. 랩으로 감싸기 때문에 키토 김밥보다 만들기가 수월하고 보관하기가 좋아 도시락 싸기에도 좋아요. 스팸을 구워 넣은 초간단 오니기라즈를 소개합니다.

1. 양배추는 최대한 가늘게 채 썰어 찬물에 여러 번 헹군 후 샐러드 스피너에 돌려 물기를 제거한다.

2. 스팸은 도톰하게 4조각으로 잘라 팬에 굽고, 아보카도는 얇게 슬라이스한다.

3. 달걀은 2개씩 풀어 소금으로 간한 후 라드를 녹인 작은 팬에 약한 불로 휘저으며 익힌다(초반에만 스크램블 하듯 휘젓고 바로 모양을 잡아 익히면 볼륨감 있는 도톰한 달걀부침을 만들 수 있다).

4. 달걀이 40~50% 정도 익으면 가장자리를 안쪽으로 밀어주며 오니기라즈 크기에 맞춰 네모 모양으로 만든 후 뒤집어서 속까지 익힌다.

5. 랩을 넓게 깔고 김 1장을 랩 위에 놓은 후 치즈 1장을 대각선 방향으로 김 가운데에 놓는다.

6. 치즈 위에 달걀, 스팸 2조각, 아보카도 슬라이스, 양배추채를 올린다.

7. 나머지 치즈 1장에 마요네즈를 앞뒤로 슬쩍 바른 후 양배추채 위에 올리고 김으로 보자기 싸듯 사방에서 여며 치즈에 붙인다.

8. 김이 풀리지 않게 랩으로 잘 싼 후 반으로 자른다.

TIP
- 양배추를 최대한 곱게 채 써는 게 포인트예요. 양배추채가 굵으면 빼곡하게 쌓이지가 않아 오니기라즈 속이 엉성해져요.
- 김으로 치즈가 완전히 덮이지 않아도 랩으로 감싸줄 것이므로 상관없어요. 완벽하게 감싸지지 않을까 걱정해서 재료량을 줄이지 말고 수북이 넣어야 잘랐을 때 모양이 예뻐요.

불고기 김밥

칼로리	지방	단백질	탄수	식이	1인분
509kcal	38.5g	41.5g	6g	1g	기준

| 재료 | 2인분(2줄)

- 소고기(불고기용) 300g
- 오이지(161쪽 참고) 1개
- 달걀 4개
- 슬라이스 치즈 5장
- 상추 8장
- 깻잎 4장
- 김밥용 김 2장
- 달걀용 라드 1큰술
- 소금 약간

| 불고기용 양념 |

- 리퀴드 아미노스 3밥숟가락
- 에리스리톨 1½숟가락
- 대장부 1숟가락
- 참기름 1/2숟가락
- 다진 마늘 1/3숟가락
- 후추 약간

불고기 양념에는 고기 200g당 스테인리스 밥숟가락으로 리퀴드 아미노스 2 : 에리스리톨 1이 들어가는 '밥숟가락 불고기 양념 공식'을 적용했습니다. 양파나 버섯을 넣지 않고 고기로만 이 공식을 이용해 불고기를 만들면 약간 짜지만 상추가 넉넉히 들어간 김밥 소로 쓰기엔 괜찮아요. 제가 쓰는 스테인리스 밥숟가락의 용량은 7ml 정도예요.

1. 오이지는 길이로 반을 갈라 찬물에 담가 소금기를 뺀다.

2. 소고기는 불고기용 양념 재료에 버무려 물기 없이 볶는다.

3. 달걀은 소금으로 간한 후 달걀말이를 만들어 식힌 후 길이로 2등분한다.

4. 치즈 중 1장만 길이로 4등분한다.

5. 김밥용 김을 넓은 쪽을 세로로 놓고 마는 사람에게 가까운 쪽에 슬라이스 치즈 2장을 나란히 올리고 반대편에 끝에 4등분 해놓은 치즈 2줄을 나란히 놓는다(끄트머리 접착제 역할).

6. 치즈 위에 상추와 깻잎을 놓고 오이지와 달걀말이, 불고기를 듬뿍 얹고 김밥을 만 후 끄트머리 부분이 붙도록 아래로 가게 놓는다.

7. 김밥을 만 후에는 되도록 바로 써는 것이 좋다. 보관용도 썰어서 냉장 보관한다(김밥을 그대로 놔두면 김에 수분이 흡수되어 썰 때 풀어질 수 있다).

치즈를 사진처럼 두 군데에 배치해줍니다.

> **TIP**
>
> 스팸 대신 소불고기를 볶아 넣으면 불고기 손말이 김밥, 마요네즈에 버무린 참치를 넣으면 참치 손말이 김밥이 됩니다.

손말이 김밥

칼로리	지방	단백질	탄수	식이	1인분
691kcal	61g	22g	19g	8.5g	기준

| 재료 | 2인분

- 아보카도 1개
- 스팸 150g
- 달걀 2개
- 오이 1/2개
- 파프리카 1/2개
- 씻은 묵은지 1/8포기
- 김밥용 김 3장
- 달걀용 라드 1큰술
- 소금 약간

| 스리라차 마요 |

- 마요네즈 3큰술
- 스리라차 소스 2작은술

손말이 김밥에 넣는 재료는 얼마든지 다양하게 구성할 수 있어요. 단맛과 첨가물이 들어간 단무지 대신 묵은지를 씻어서 넣으면 맛있어요.

1. 아보카도는 도톰하게 슬라이스하고, 오이와 파프리카는 1cm 두께로 아보카도 길이에 맞춰 자른다. 씻은 묵은지는 물기를 꼭 짜고 아보카도 길이에 맞춰 자른다.

2. 스팸은 1cm 굵기의 기둥 모양으로 잘라 팬에 굽고, 달걀은 소금으로 간한 후 라드를 녹인 팬에 도톰하게 부쳐 스팸 크기에 맞춰 자른다.

3. 김밥용 김은 4등분해 놓고 마요네즈와 스리라차 소스를 섞어 스리라차 마요 소스를 만든다.

4. 모든 재료를 큰 접시에 담아내고 개인 접시를 준비해 김에 각각의 재료를 올리고 스리라차 마요 소스를 넣어 말아 먹거나 찍어 먹는다.

손말이 캘리포니아롤

칼로리	지방	단백질	탄수	식이	1인분
501kcal	41.5g	21g	14.5g	7g	기준

| 재료 | 2인분

- 아보카도 1개
- 크림치즈(용기에 들어 있지 않은 네모 형태) 100g
- 새우살(중하) 150g
- 마요네즈 2큰술
- 스리라차 소스 2작은술
- 무순 1줌
- 김밥용 김 3장
- 리퀴드 아미노스 약간
- 고추냉이 약간

일반식을 할 때 먹던 맛살류 대신 데친 새우를 스리라차 마요 소스에 버무려 캘리포니아롤을 만들어 먹어보니 맛있더라고요. 손말이 형태로 각자 김에 싸서 먹으면 '어떻게 말아서 자르지' 하는 고민 없이 먹을 수 있어요. 재료를 담기만 하면 되니 도시락 싸기에도 편한 메뉴예요.

1. 아보카도는 도톰하게 슬라이스한다.

2. 새우살은 소금물에 데쳐 식힌 후 마요네즈와 스리라차 소스에 버무린다.

3. 크림치즈는 차갑게 뒀다가 새끼손가락 두께의 길이로 자르고, 김밥용 김은 4등분한다.

4. 아보카도, 크림치즈, 새우, 무순을 김에 싸서 고추냉이를 푼 리퀴드 아미노스에 찍어 먹는다.

TIP

남은 김밥은 모두 잘라 달걀물을 입혀 구운 후 냉장 보관해요. 곤약쌀과 섞은 데다 밥 양이 적어 김밥이 풀어지기 쉽거든요.

저당질 소고기 김밥

칼로리	지방	단백질	탄수	식이	1인분
342kcal	20.3g	26.8g	13.2g	2g	기준

| 재료 | 6인분(4줄)

- 쌀 150g
- 곤약쌀(물에 들어 있는) 200g
- 소고기(불고기용) 500g
- 달걀물 달걀 8개 분량
- 당근 1/2개 • 오이지(161쪽 참고) 1개
- 시금치 1단 • 김밥용 김 4장
- 라드 2큰술 • 소금·통깨 약간
- 시금치용 참기름 약간

| 불고기용 양념 |

- 리퀴드 아미노스 5밥숟가락
- 에리스리톨 2½ 밥숟가락
- 대장부 2밥숟가락
- 참기름 1밥숟가락
- 다진 마늘 1/2밥숟가락
- 후추 약간

밥이 들어간 김밥이 가끔 먹고 싶을 때는 일반 쌀에 곤약쌀을 섞어 밥을 지어 김밥을 만들어보세요. 생각보다 탄수화물 양이 많지 않아요. 최대한 밥을 얇게 깐 다음, 속 재료를 듬뿍 넣어 만들면 일반식을 할 때 먹던 김밥 맛을 충분히 즐길 수 있어요. (곤약쌀 중 건조된 형태로 판매되는 제품들은 전분이 추가된 것들이라 탄수량이 높으니 물에 들어 있는 제품을 사용하고 재료 성분 확인도 잊지 마세요.)

1. 물기를 뺀 곤약쌀과 쌀을 섞어 밥을 지은 다음(밥물은 쌀의 양으로만 잡는다.) 소금으로 간하고 통깨를 살짝 뿌린다. 오이지는 길이로 4등분해 소금기가 빠지도록 찬물에 담가둔다.

2. 소고기는 불고기용 양념과 잘 섞어 물기 없이 볶아두고, 당근은 채 썰어 라드를 녹인 팬에 소금을 조금 넣고 볶는다. 시금치는 끓는 소금물에 데쳐 찬물에 헹궈 물기를 꼭 짠 후 소금과 참기름, 통깨를 넣어 조물조물 무친다.

3. 달걀물을 두 번에 나눠 달걀말이 2개를 만든 후 각각 세로로 반씩 자른다.

4. 김 1장에 밥을 얇고 넓게 펼친 후 불고기, 오이지, 달걀말이, 시금치, 당근을 넣고 만 다음 먹기 좋게 썬다.

콜리플라워 김치볶음밥

칼로리	지방	단백질	탄수	식이	1인분
477kcal	36.5g	23.5g	12.5g	5g	기준

| 재료 | 2인분

- 콜리플라워 300g
- 베이컨 200g
- 김치 200g
- 달걀 4개
- 라드 3큰술
- 소금 약간

콜리플라워 라이스로 김치볶음밥을 만들면 실제 김치볶음밥처럼 맛있어요. 김치볶음밥이지만 실제는 채소 볶음이라 저는 보통 데친 소시지 같은 단백질 재료를 추가해 든든하게 먹어요. 남편이 좋아하는 도시락 메뉴 중 하나이기도 해요. 분식집 스타일로 조미 김을 부셔서 얹어 먹어도 맛있어요.

1. 콜리플라워는 차퍼나 치즈 그레이터를 이용해 쌀알 크기로 자른다.

2. 베이컨과 김치는 잘게 자른다.

3. 웍에 베이컨을 볶다가 기름이 나오면 라드를 1큰술 더하고 김치를 넣어 함께 볶는다.

4. 3에 1의 콜리플라워를 넣고 함께 볶은 후 모자라는 간은 소금으로 한다.

5. 남은 라드 2큰술로 달걀 프라이를 만들어 김치볶음밥에 얹어 먹는다.

중국식 볶음밥

칼로리	지방	단백질	탄수	식이	1인분
489kcal	31.5g	36.5g	14.5g	5.5g	기준

| 재료 | 2인분

- **콜리플라워** 300g
- **우삼겹살** 160g
- **새우살** 100g
- **달걀** 3개
- 다진 **주키니** 1/4컵*
- 다진 **당근** 1/4컵
- **양파** 1/4개
- **대파** 1/2대
- **라드** 2큰술
- **리퀴드 아미노스** 2~3작은술
- **참기름** 약간
- **통깨** 약간
- **소금·후추** 약간씩

✓ 1컵 = 240ml

쌀알 크기로 자른 콜리플라워를 이용해 만든 볶음밥이에요. 잘게 썬 갖은 채소랑 맛있는 재료들이 듬뿍 들어가서 말하지 않으면 쌀이 안 들어갔다는 것도 모를걸요?

1. 콜리플라워는 차퍼나 치즈 그레이터를 이용해 쌀알 크기로 자른다.

2. 양파와 대파는 잘게 썰고 새우살과 우삼겹살은 1cm 정도 크기로 자른다.

3. 웍에 우삼겹살을 넣고 소금과 후추로 간하며 구워서 덜어낸다.

4. 우삼겹살을 구운 팬에 라드 1큰술을 더하고 다진 대파를 볶다가 주키니, 당근, 양파를 넣고 센 불에 볶는다. 소금, 후추로 간한다.

5. 팬 한쪽에 새우를 넣어 익힌 후 콜리플라워를 넣고 센 불에 모든 재료를 섞으며 볶는다. 소금, 후추로 밑간한다.

6. 3의 우삼겹살을 함께 섞어 팬 한쪽으로 밀고 빈 곳에 남은 라드 1큰술을 녹인 후 달걀을 깨뜨려 넣어 프라이를 한다.

7. 달걀 프라이가 70~80% 정도 익으면 휘저어 스크램블을 만든 후 나머지 재료와 섞는다.

8. 재료를 팬 한쪽으로 밀어 빈자리를 만든 후 리퀴드 아미노스를 넣어 센 불에 바글바글 끓여 캐러멜라이즈시키고 모든 재료와 골고루 섞는다.

9. 간을 보고 불을 끈 후 참기름을 약간 넣어 섞고 통깨를 뿌린다.

달걀을 재료에 바로 넣어 볶으면 곤죽이 되니 꼭 팬 한쪽에서 따로 익힌 다음 다른 재료와 섞어야 해요.

아보카도 비빔볼

칼로리	지방	단백질	탄수	식이	1인분
686kcal	62.5g	16.5g	20.5g	14g	기준

| 재료 | 2인분

- **아보카도** 2개
- **김치볶음** 2인분(약 80g)
- **무순** 30g
- **잘게 찢은 조미 김** 2봉
- **생들기름** 2큰술
- **리퀴드 아미노스** 2작은술
- **달걀** 4개
- **라드** 1큰술
- **통깨** 약간
- **소금** 약간

남편이 제일 좋아하는 도시락 1위와 2위를 다투는 메뉴예요. 준비하기 쉬운 도시락 메뉴로는 무조건 1위이고요. 아보카도 비빔볼에는 볶은 김치가 꼭 들어가야 맛있어요. 지방 섭취량이 좀 더 필요할 땐 버터를 넣어 비벼 먹어도 맛있어요.

1. 아보카도는 큼직하게 깍둑썰기 하고, 라드를 녹인 팬에 달걀 프라이를 만든다.

2. 아보카도, 김치볶음, 무순을 2개의 그릇에 나눠 담고 달걀 프라이 2개와 통깨, 조미 김, 생들기름 1큰술, 리퀴드 아미노스 1작은술씩 넣은 후 비벼 먹는다.

TIP

추운 계절에는 상추 대신 곱게 채 썬 양배추를 볶아서 따뜻할 때 비벼 먹으면 맛있어요.

윤식당 불고기 비빔볼

칼로리	지방	단백질	탄수	식이	1인분
723kcal	56g	43.5g	8.5g	2g	기준

| 재료 | 2인분

- **소고기**(불고기용) 300g
- **불고기 양념**(285쪽 참고)
- **상추** 15~20장
- **당근** 1/5개
- **양파** 1/2개
- **시금치** 1줌
- **버섯** 100g
- **데리야키 소스**(285쪽 참고) 2큰술
- **라드** 3큰술
- **생들기름** 2큰술
- **달걀** 4개
- **시금치용 참기름** 약간
- **통깨** 약간
- **소금·후추** 약간씩

TV 예능 프로그램 〈윤식당〉의 불고기 비빔밥이 한창 인기 있을 때 그 유행에 동참해봤어요. 물론 밥 대신 상추를 듬뿍 넣어 만든 비빔'볼'이지만 그 맛은 일반 비빔밥에 뒤지지 않아요. 도시락 싸기에도 아주 좋은 메뉴예요.

1. 소고기는 불고기용 양념으로 버무려 볶는다.

2. 시금치는 소금물에 데쳐 찬물에 헹군 후 물기를 꼭 짜고 참기름, 소금, 통깨를 넣어 조물조물 무친다.

3. 당근, 양파, 버섯은 채 썰어 라드를 두른 팬에 소금, 후추로 밑간하며 각각 볶는다.

4. 상추를 채 썰어 볼 2개에 나눠 담고 준비한 채소와 고기를 얹는다.

5. 달걀 프라이를 만들어 2개씩 얹고 생들기름과 데리야키 소스를 1큰술씩 넣어 비벼 먹는다.

낫토 비빔볼

칼로리	지방	단백질	탄수	식이	1인분
388kcal	34g	14.5g	4.5g	0.5g	기준

| 재료 | 2인분

- **낫토** 2팩
- **김치볶음** 2인분(약 80g)
- **달걀** 4개
- **조미 김** 2봉
- **생들기름** 2큰술
- **라드** 1큰술
- **통깨** 약간
- **소금** 약간

배가 많이 고프거나 남편 도시락으로 싸줄 땐 여기에 아보카도를 추가해요. 낫토에 동봉된 간장 소스에는 단맛이 들어 있으니 먹지 않는 게 좋아요.

1. 라드를 두른 팬에 달걀 프라이를 만든다.

2. 낫토에 김치볶음, 달걀 프라이, 생들기름, 통깨를 넣고 잘 섞은 후 조미 김에 싸서 먹는다.

중국식 매운 잡채

칼로리	지방	단백질	탄수	식이	1인분
231kcal	16g	10g	12g	3g	기준

| 재료 | 1인분

- **미역 국수** 1봉지(180g)
- **베이컨** 100g
- **양파** 1/2개
- **다진 마늘** 1/2작은술
- **리퀴드 아미노스** 1큰술
- **고춧가루** 1작은술
- **아보카도 오일** 1/2큰술
- **참기름** 약간
- **통깨** 약간

일반식 하던 때 납작 당면을 이용해서 가끔 만들어 먹던 거예요. 들어가는 재료도 간단하고 만들기 쉬우면서도 맛있거든요. 미역 국수를 이용해서 만들면 키토식으로도 비슷한 맛을 즐길 수 있어요.

1. 베이컨은 잘게 썰고 양파는 채 썬다.

2. 팬에 베이컨을 볶다가 아보카도 오일을 더하고 다진 마늘을 넣어 함께 볶는다.

3. 베이컨이 노릇해지기 시작하면 양파를 넣고 볶는다.

4. 고춧가루를 넣고 섞은 뒤 재료를 한쪽으로 밀고 빈자리에 리퀴드 아미노스를 넣고 바글바글 끓여 캐러멜라이즈시킨다.

5. 미역 국수를 넣고 고루 섞으며 볶은 후 불에서 내려 참기름을 넣고 통깨를 뿌린다.

볶은 케일 수란 오픈 샌드위치

칼로리	지방	단백질	탄수	식이	1개
379kcal	27.7g	18.6g	17.4g	2g	기준

| 재료 | 2개

- **키토 식빵**(또는 아마씨 빵) 2조각
  (키토 식빵은 246쪽, 아마씨 빵은 245쪽
  참고)

- **쌈케일** 10장

- **베이컨** 100g

- **달걀** 2개

- 구워서 오일에 담가둔 **토마토**(162쪽
  참고) 6조각

- **아보카도** 1/2개

- **앤초비 페이스트** 약간

- **후추** 약간

어느 날 미국에 있는 올케랑 수다를 떨다가 사워도우 빵에 베이컨 케일 볶음을 넣어 샌드위치를 만들면 맛있다기에 키토 식빵으로 당장 만들어 먹어봤어요. 한국 케일은 미국 케일이랑은 좀 다른데 쌈케일이라는 작은 크기의 케일을 사용했어요. 케일 볶을 때 앤초비도 넣고 수란이랑 아보카도, 구운 토마토도 얹어 먹으니 든든하고 재료의 맛 조화도 훌륭했어요.

1. 키토 식빵은 양면을 노릇하게 굽는다.

2. 쌈케일은 채 썰고 베이컨은 잘게 썬다. 아보카도는 얇게 슬라이스한다.

3. 달걀은 수란을 만든다(수란 만드는 방법은 37쪽 참고).

4. 팬에 베이컨을 볶다가 베이컨이 노릇하게 익고 기름이 나오면 2의 케일을 넣고 볶는다.

5. 케일의 숨이 죽으면 앤초비 페이스트를 넣고 간을 맞춘다.

6. 1의 빵에 케일 볶음을 얹고 구운 토마토와 아보카도를 올린 후 수란을 얹어 준다.

7. 후추를 갈아 뿌린 후 먹는다.

> **TIP** | 케일을 볶을 때 엔초비 페이스트를 넣어 감칠맛을 더했어요. 엔초비 페이스트 대신 엔초비 필레를 다져 넣어도 좋고, 그냥 소금으로만 간해도 좋아요.

클럽 언위치

칼로리	지방	단백질	탄수	식이	1개
569kcal	44g	29g	14g	3g	기준

| 재료 | 1개

- **양상추**(또는 로메인과 섞어서) 100g
- **토마토** 1/2개
- **적양파** 1/4개
- **샌드위치용 델리햄** 4장(60g)
- **슬라이스 치즈** 2장
- **달걀** 2개
- **할라피뇨 피클** 약간
- **마요네즈** 1큰술
- **옐로 머스터드** 1작은술
- **라드** 1큰술
- **소금** 약간

'언위치'는 미국에 있는 지미 존스(Jimmy John's)라는 샌드위치 가게에서 만들어낸 단어인데, 빵 없이 만든 샌드위치라 '언위치(unwich)'라고 이름 지었대요. 이 집의 모든 샌드위치는 빵 없이 주문 가능하다고 하니 꼭 가보고 싶네요. 클럽 샌드위치 재료를 빵 대신 양상추로 감싼 언위치는 아삭아삭한 게 정말 맛있어요. 빵이 든 샌드위치에 조금도 뒤지지 않는 맛이랍니다. 제가 만든 언위치 1개는 1인분으로는 살짝 많은 양이에요.

1. 양상추는 줄기 부분을 칼로 파낸 후 잎이 찢어지지 않게 한 장씩 벗겨 씻은 후 물기를 제거한다. 로메인도 씻은 후 물기를 제거한다.

2. 토마토와 적양파는 얇게 슬라이스하고, 달걀은 라드를 두른 팬에 앞뒤로 익혀 달걀 프라이를 만든다.

3. 마요네즈와 옐로 머스터드를 섞어 소스를 만든다.

4. 식품용 유산지(또는 랩)를 깔고 그 위에 양상추를 넓게 편 다음 재료를 얹을 곳에 로메인을 깐다.

5. 로메인 위에 햄을 길게 깔고 머스터드 마요 소스를 바른 후 치즈, 달걀 프라이, 토마토, 양파, 할라피뇨 피클을 얹는다.

6. 양상추로 양끝을 오무려 가며 김밥처럼 돌돌 만 뒤 바닥에 깐 유산지(또는 랩)를 이용해 단단히 말아준다.

키토 햄 & 치즈 샌드위치

칼로리	지방	단백질	탄수	식이	1인분
561kcal	52g	21g	2g	0g	기준

| 재료 | **1인분**(2개)

- **천연 슬라이스 치즈**(에담·고다·체더 등) 2장
- **무염 버터** 4조각(10g×4)
- **건조 발효된 햄**이나 **소시지** (프로슈토·살라미·초리조 등) 50g
- **머스터드** 약간
- **딜 오이 피클**(선택 사항)

✓ 가공 치즈(processed cheese): 두 가지 이상의 자연 치즈를 섞거나 치즈(혹은 유제품 재료)에 향신료나 첨가물 등을 넣어 가공한 치즈.

여행 다녀와 느지막이 일어난 다음 날, 당장 뭘 먹어야겠는데 요리하기는 귀찮아 탄생한 키토 샌드위치예요. 대충 만들어본 조합치고는 아주 맛있어서 그 후로도 종종 만들어 먹어요. 가공치즈*가 아닌 천연 치즈를 사용하고 건조 발효된 햄이나 소시지를 사용해야 제맛이 나요.

1. 치즈 1장을 깔고 그 위에 햄을 놓고 무염 버터 2조각을 올린다.

2. 딜 오이 피클(선택 사항)을 얹고 머스터드를 뿌린 후 치즈를 반 접어 먹는다.

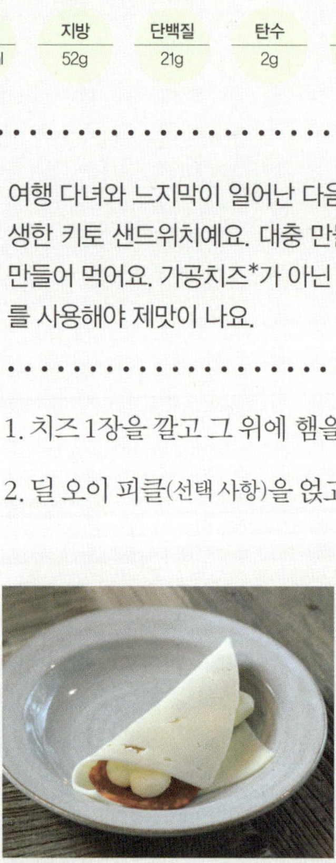

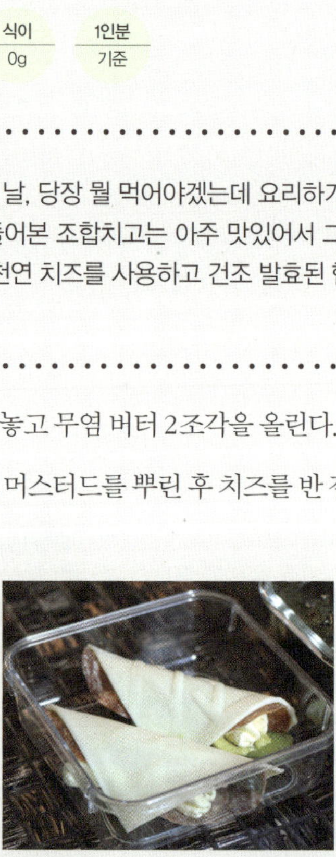

햄 & 치즈 포켓 샌드위치

칼로리	지방	단백질	탄수	식이	1인분
650kcal	49g	41.5g	9.5g	2.5g	기준

| 재료 | 2인분

- **팻 헤드 도우**(249쪽 참고) 1회 분량
  (선택 사항: 아몬드 가루 넣을 때 이탤리언
  시즈닝 약간 추가)
- **샌드위치용 슬라이스 햄** 60g
- **슬라이스 치즈** 4장

팻 헤드 도우를 이용해 만든 포켓 샌드위치는 도시락을 싸기에도 좋은 메뉴예요. 치즈가 주재료인 팻 헤드 도우는 따뜻할 땐 빵처럼 폭신한 식감이지만 식으면 단단하고 맛이 없어지니 식었을 때는 전자레인지에 살짝 데워 먹어야 맛있어요.

1. 종이 포일을 깔고 한 덩이로 뭉친 팻 헤드 도우를 올린 후 종이 포일 1장을 덮어 밀대로 밀어 고른 두께로 넓게 편다.

2. 도우가 고르고 넓게 밀어지면 위에 덮은 종이 포일을 치우고 슬라이스 햄과 치즈를 양쪽으로 나눠 올리고 아래에 깔린 종이 포일째로 도우를 들어서 반으로 접는다.

3. 햄과 치즈 크기에 맞게 도우를 각각 여미며 포켓 샌드위치 2개를 만든다.

4. 샌드위치 사이의 간격을 두고 오븐 팬에 올린 후 200℃로 예열한 오븐에 15~20분간 굽는다.

캠핑 핫도그

칼로리	지방	단백질	탄수	식이	1인분
401kcal	31g	19.5g	12g	2g	기준

| 재료 | 2인분(핫도그 4개)

- **핫도그용 소시지**(이케아 비스트로 소시지 사용) 4개(총 160g)
- **슬라이스 치즈** 4장
- **상추** 10장 이상
- **양파** 1개
- **피망** 1/2개
- **라드** 1큰술
- **옐로 머스터드** 약간
- **무설탕 케첩** 약간
- **소금·후추** 약간씩

친구네 가족이랑 캠핑 가서 먹었던 '아점' 메뉴예요. 일반식 하는 사람들을 위한 핫도그에는 핫도그용 번을 사용하고, 키토식 핫도그에는 번 대신 상추를 이용했어요. 볶은 양파를 넣으면 훨씬 풍성하고 맛있어요.

1. 양파와 피망은 채 썰어 준비한다.

2. 라드를 두른 팬에 1을 넣고 소금과 후추로 간하며 볶는다.

3. 소시지는 끓는 물에 데친다.

4. 상추를 2~3장씩 깔고 치즈 1장을 올린 후 데친 소시지, 볶은 양파와 피망을 얹고 무설탕 케첩과 머스터드를 조금씩 뿌려 먹는다.

훈제 연어 오픈 샌드위치

칼로리	지방	단백질	탄수	식이	1인분
482kcal	34.3g	28.2g	16.7g	9.7g	기준

| 재료 | 1인분(2개)

- **키토 식빵**(또는 아마씨 빵) 2조각
  (키토 식빵은 246쪽, 아마씨 빵은 245쪽
  참고)
- **훈제 연어** 65g
- **크림치즈** 35g
- **사워크림** 20g
- **루콜라** 약간
- 가늘게 채 썬 **양파** 약간
- **케이퍼** 약간
- **후추** 약간

식사로 먹기엔 부족한 양이 남은 훈제 연어로 오픈 샌드위치를 만들었어요. 크림치즈에 사워크림을 섞어 부드럽게 만든 스프레드를 키토 식빵에 듬뿍 바르고 훈제 연어를 올리면 궁합도 좋고 든든한 식사가 됩니다.

1. 크림치즈를 잠시 실온에 두었다가 부드러워지면 사워크림과 잘 섞어 치즈 스프레드를 만든다.

2. 키토 식빵을 앞뒤로 구워 1의 치즈 스프레드를 듬뿍 바르고 루콜라를 조금씩 얹은 후 훈제 연어를 올린다.

3. 양파채와 케이퍼 몇 알을 올린 후 후추를 갈아 뿌린다.

풀드 포크 샌드위치

칼로리	지방	단백질	탄수	식이	1인분
574kcal	41.3g	27.2g	21.7g	11.7g	기준

| **재료** | **1인분**
- **키토 식빵**(246쪽 참고) 2조각
- **풀드 포크**(91쪽 참고) 110g
- 채 썬 **양배추** 50g

| **코울슬로용 양념** |
- 다진 **양파** 1/2큰술
- **마요네즈** 1큰술
- **사워크림** 1/2큰술
- **디종 머스터드** 1/4작은술
- **화이트 와인 식초** 1/4작은술
- **소금·후추** 약간씩

만들어둔 풀드포크가 있다면 샌드위치로도 만들어보세요. 새콤한 코울슬로를 만들어 함께 샌드위치에 넣으면 잘 어울려요.

1. 양배추채에 코울슬로용 양념을 모두 넣고 섞어 코울슬로를 만든다.

2. 키토 식빵을 앞뒤로 구운 후 풀드 포크를 올리고 1의 코울슬로를 적당량 얹어 샌드위치를 만든다. (샌드위치에 넣고 남은 코울슬로는 곁들여 먹는다.)

가지 치즈 파니니*

칼로리	지방	단백질	탄수	식이	1인분
665kcal	53.3g	29.2g	22.7g	14.7g	기준

| 재료 | 1인분

- 키토 식빵(246쪽 참고) 2조각
- 가지 1개(작은 것, 150g 정도)
- 에멘탈 치즈 40g
- 바질 페스토(273쪽 참고) 2작은술
- 마요네즈 2작은술
- 아보카도 오일 1큰술
- 소금·후추 약간씩

✓ 파니니(panini): 빵 사이에 치즈, 채소, 햄 등의 재료를 간단하게 넣어 만든 이탈리아식 샌드위치다.

빵에 바질 페스토를 바르고 구운 가지와 치즈를 넣어 만든 파니니는 오래전부터 좋아해서 자주 만들어 먹던 샌드위치예요. 키토식을 시작하고 파니니 만들기에 적합한 식감의 빵을 못 찾다가 키토 식빵으로 만들어보니 꽤 만족스러운 식감이 나오더라고요. 이제는 제가 좋아하는 가지 치즈 파니니를 가끔 즐길 수 있게 되었답니다.

1. 가지는 1cm 두께로 도톰하고 어슷하게 자른다.

2. 가지를 아보카도 오일을 두른 팬에 올려 센 불에서 소금을 뿌리며 갈색이 나도록 굽고 후추를 뿌린다.

3. 키토 식빵 한쪽에는 페스토를, 다른 한쪽에는 마요네즈를 각각 바른다.

4. 키토 식빵 한쪽에 구운 가지, 에멘탈 치즈를 얹고 나머지 빵으로 덮은 후 파니니 전용 그릴에서 치즈가 녹을 때까지 굽는다.

명란 마요 오픈 토스트

칼로리	지방	단백질	탄수	식이	1개
269kcal	23.6g	10.3g	6.4g	5.8g	기준

| 재료 | 2개

- 키토 식빵(또는 아마씨 빵) 2조각
  (키토 식빵은 246쪽, 아마씨 빵은 245쪽
  참고)
- 저염 **명란** 15g
- **마요네즈** 2큰술
- **슈레드 모차렐라 치즈** 20g
- 잘게 썬 **대파** 약간
- **후추** 약간

마요네즈에 명란을 넣어 양념하면 짭짤함과 감칠맛이 배가되어 맛있죠. 키토빵에 올려 오븐에 살짝 구워도 아주 맛있으니 꼭 드셔보세요. 향긋하게 구운 대파가 포인트니 잊지 말고 꼭 넣어야 해요. 저는 아보카도를 으깨서 올리고 달걀을 얹은 손쉬운 오픈 샌드위치를 한 종류 더 만들어 한쪽씩 먹었어요. 한쪽씩 남은 명란 마요 토스트와 아보카도 달걀 오픈 샌드위치는 다음 날 남편 도시락으로 당첨요!

1. 마요네즈에 저염 명란과 모차렐라 치즈, 후추를 넣어 잘 섞는다.

2. 빵 한 면에 1을 올린 후 잘게 썬 대파를 올린다.

3. 220℃로 예열한 오븐에 10분간 굽는다.

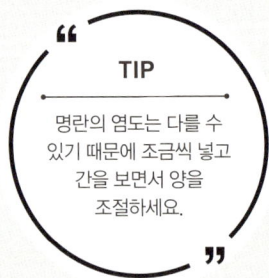

TIP

명란의 염도는 다를 수 있기 때문에 조금씩 넣고 간을 보면서 양을 조절하세요.

TIP

단맛이 있는 토스트지만 저는 간식보다는 데친 소시지를 곁들여 주로 한 끼 식사로 먹어요.

프렌치토스트

칼로리	지방	단백질	탄수	식이	1인분
803kcal	95.3g	20.1g	20.4g	11.7g	기준

| **재료** | **1인분**(2개)

• 키토 식빵(246쪽 참고) 2조각

• 달걀 1개

• 생크림 2큰술

• 버터 20g

• 시나몬 가루 약간

• 소금 약간

• 에리스리톨 약간(선택 사항)

| **라즈베리 마스카르포네** |

• 마스카르포네 70g

• 냉동 라즈베리 1/3컵*

• 에리스리톨 약간(선택 사항)

✓1컵=240ml

프렌치토스트를 만들 땐 묻힌 달걀물이 흐르지 않을 정도로만 양면을 구운 후 설탕을 솔솔 뿌려 다시 구우면 겉면에 바삭하면서도 달달한 층이 생겨요. 설탕 대신 에리스리톨을 사용할 경우 에리스리톨의 특성상 캐러멜라이즈가 되지 않아 바삭한 층은 생기지 않지만 겉면이 달짝지근한 프렌치토스트는 만들 수 있어요.

1. 마스카르포네에 냉동 라즈베리, 에리스리톨(선택 사항)을 섞어 라즈베리 마스카르포네를 만든다(냉동 라즈베리는 별도로 해동하지 않고 섞어두면 토스트를 만드는 동안 자연스럽게 녹는다).

2. 달걀에 생크림, 소금, 시나몬 가루를 넣어 잘 섞는다.

3. 팬에 버터를 녹이고 키토 식빵을 2의 달걀물에 담갔다가 꺼내 굽는다.

4. 달걀물이 고정될 정도로 익으면 토스트 겉면에 에리스리톨을 스푼으로 조금씩 얹어 고루 편 다음 양면이 노릇해질 때까지 굽는다.

5. 토스트가 뜨거울 때 1의 라즈베리 마스카르포네를 곁들여 먹는다.

크림치즈 오이 샌드위치

칼로리	지방	단백질	탄수	식이	1개
190kcal	13.7g	7.6g	9.8g	4.8g	기준

| 재료 | 1개

- **키토 식빵**(또는 아마씨 빵) 1조각
  (키토 식빵은 246쪽, 아마씨 빵은 245쪽 참고)
- **오이** 1/5개
- **크림치즈** 1큰술
- **후추** 약간

영국의 엘리자베스 여왕이 좋아한다고 해서 많이 알려진 오이 샌드위치예요. 가볍고 싱그러운 맛이라 한쪽 정도 만들어 샐러드나 메인 요리에 곁들이기 좋아요. 오이를 최대한 얇게 써는 게 포인트예요.

1. 빵은 팬이나 토스터를 이용해 양면을 노릇하게 구워 준비한다.

2. 오이는 감자 필러나 슬라이서 등의 기구를 이용해서 최대한 얇게 썬다.

3. 빵의 한 면에 크림치즈를 바르고 오이를 겹쳐 올린 후 후추를 갈아 뿌린다.

구운 토마토 치즈 샌드위치

칼로리	지방	단백질	탄수	식이	1개
293kcal	21.2g	15.1g	12.4g	6.4g	기준

| 재료 | 2개

- **아마씨 빵**(또는 키토 식빵) 2조각
  (키토 식빵은 246쪽, 아마씨 빵은
  245쪽 참고)
- 구워서 오일에 담가둔 **토마토**(162쪽
  참고) 8조각
- **바질 페스토**(273쪽 참고) 4작은술
- **슈레드 모차렐라 치즈** 40g

구운 토마토와 바질 페스토가 있다면 이 샌드위치를 꼭 만들어보세요. 만들기도 간편한데 구워서 감칠맛이 배가된 토마토와 치즈, 바질 페스토의 조화가 얼마나 맛있는지 몰라요. 구워서 오일에 담가둔 토마토가 없다면 프라이팬에 토마토를 바로 구워 만들어도 됩니다.

1. 빵에 바질 페스토를 바르고 구운 토마토를 올린 후 모차렐라 치즈를 얹는다.

2. 200℃로 예열한 오븐에 15분간 굽는다.

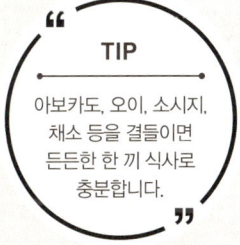

TIP

아보카도, 오이, 소시지, 채소 등을 곁들이면 든든한 한 끼 식사로 충분합니다.

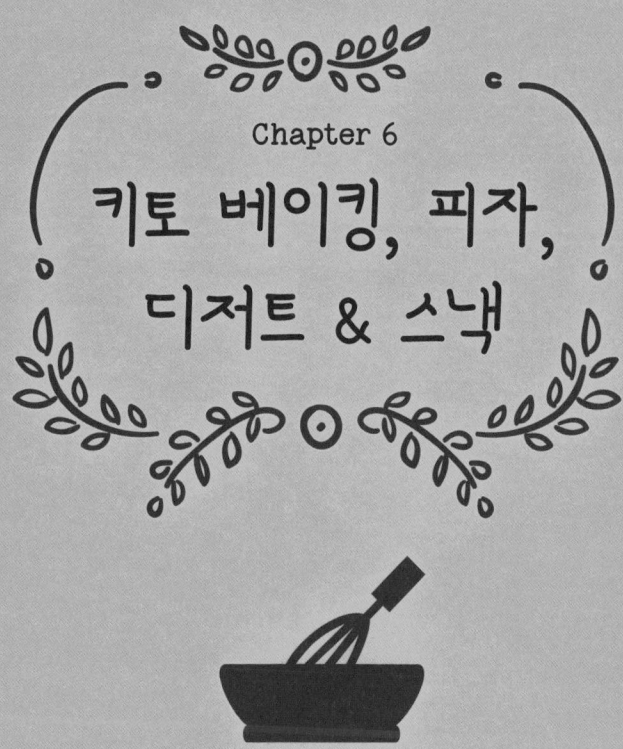

Chapter 6

키토 베이킹, 피자,
디저트 & 스낵

콜리플라워 피자 크러스트

칼로리	지방	단백질	탄수	식이	1장
327kcal	19.3g	28.5g	6g	2.3g	기준

| 재료 | 4장(각 20cm X 25cm)

- **콜리플라워** 350g
- **슈레드 모차렐라 치즈** 300g
- **달걀**(작은 것) 5개
- 다진 **마늘** 2작은술
- **오레가노** 1작은술

한 번씩 날을 잡아 많이 만들어 얼려두면 언제든 피자를 뚝딱 만들 수 있어서 키토식 초반에 정말 고마운 존재였어요. 20cm x 25cm 크기의 크러스트 1장으로 피자를 만들면 1인분으로는 좀 많고, 가벼운 샐러드 같은 사이드 메뉴를 곁들이면 둘이서 먹기 좋은 양이에요. 저렴한 콜리플라워가 보이면 저는 이 레시피의 3~4배 분량을 한꺼번에 만들어 냉동해두기도 해요.

1. 콜리플라워는 차퍼나 치즈 그레이터를 이용해 쌀알 크기로 잘게 자른다.

2. 잘게 자른 콜리플라워를 내열 용기에 담고 랩이나 뚜껑을 씌우지 않은 채 전자레인지에 10분간 익힌다.

3. 콜리플라워가 뜨거울 때 모차렐라 치즈를 넣어 녹여가며 섞은 후 달걀, 다진 마늘, 오레가노를 넣고 고루 섞는다.

4. 45cm×33cm 크기의 커다란 오븐 팬에 종이 포일을 깔고 반죽을 반만 담은 후 고른 두께로 넓게 편다.

5. 190℃로 예열한 오븐에 20분간 굽는다.

6. 남은 반죽도 똑같이 반복해서 크러스트를 1장 더 굽는다.

7. 구운 2장의 콜리플라워 크러스트가 식으면 종이 포일째로 반씩 잘라 지퍼백에 넣어 냉동시킨다.

> **TIP** 구운 콜리플라워 크러스트를 종이 포일째로 잘라 얼리면 나중에 종이 포일이 붙은 상태로 실온에 잠시 꺼내놨다가 토핑과 치즈를 올려 바로 구울 수 있어 편해요.

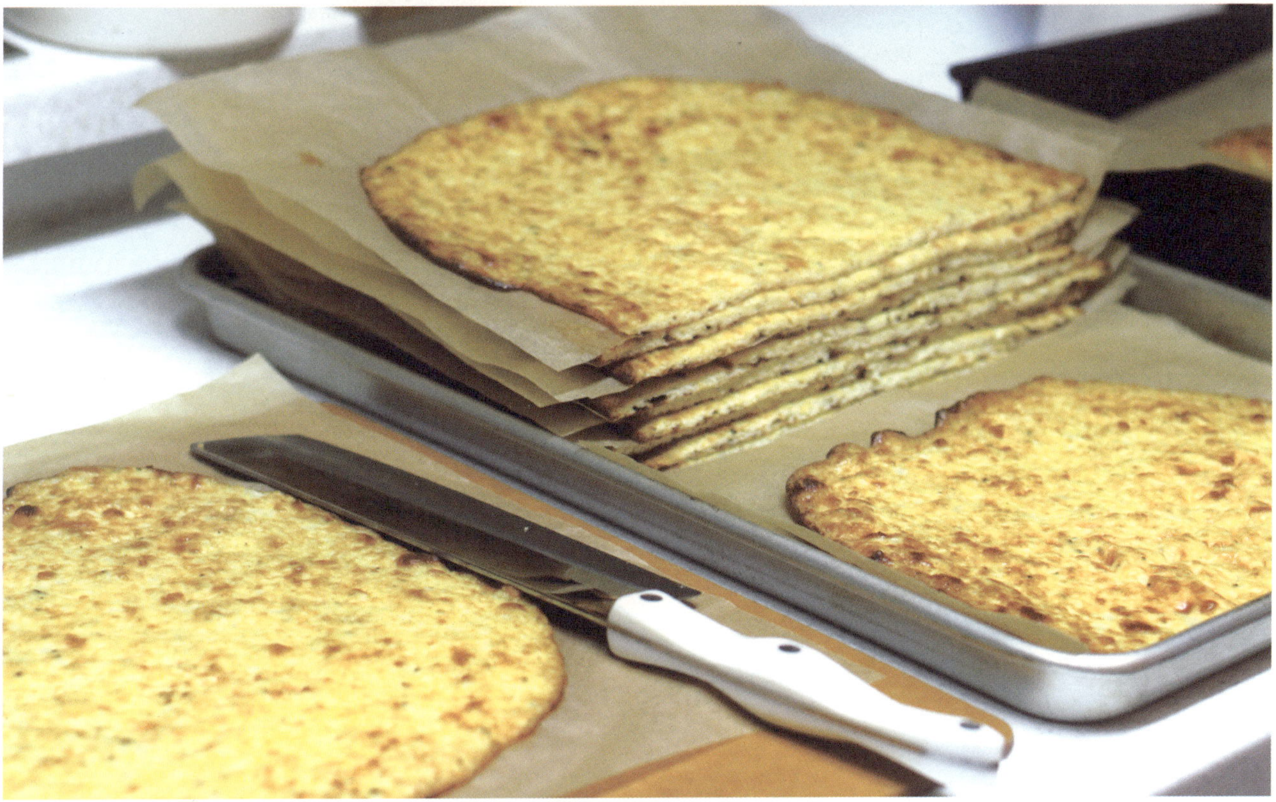

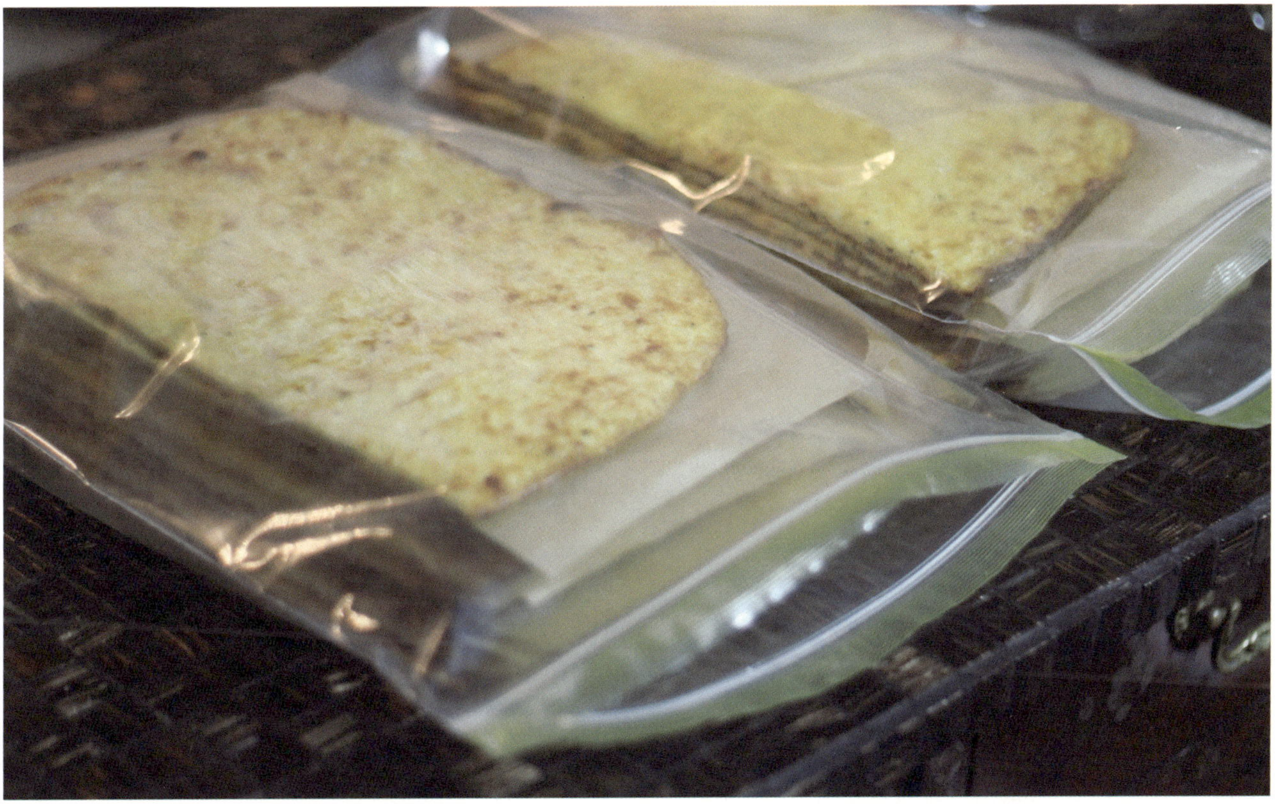

루콜라 피자

칼로리	지방	단백질	탄수	식이	1장
651kcal	43.6g	44.3g	15g	4.1g	기준

| 재료 | 1~2인분(1장 분량)

- **콜리플라워 크러스트**(236쪽 참고) 1장(20cm x 25cm)
- **슈레드 모차렐라 치즈** 100g
- **토마토 페이스트** 20g
- **루콜라** 50g
- **토마토** 100g
- **파르메산 치즈**(파미지아노 레지아노 또는 그라나 파다노) 약간
- **올리브 오일** 1큰술
- **후추** 약간

서울 이태원의 한 유명 피자집에서 맛있게 먹었던 루콜라 피자가 생각나 만들었어요. 콜리플라워 크러스트가 있으니 못 만들 피자가 없네요!

1. 콜리플라워 크러스트에 토마토 페이스트를 고루 바르고 모차렐라 치즈를 뿌린 후 190℃로 예열한 오븐에 15~20분간 굽는다.

2. 구워진 피자에 루콜라를 적당한 크기로 잘라 얹고 토마토를 깍둑썰기 해 올린다.

3. 파르메산 치즈를 감자 필러로 얇게 저며 올려주고 올리브 오일을 뿌린 후 후추를 갈아 뿌린다.

플람쿠헨

칼로리	지방	단백질	탄수	식이	1장
660kcal	44.6g	46.3g	8g	2.1g	기준

| 재료 | 1~2인분(1장 분량)

- 콜리플라워 크러스트(236쪽 참고)
  1장(20cm x 25cm)
- 마스카르포네 30g
- 슈레드 모차렐라 치즈 100g
- 베이컨 60g
- 대파 60g
- 후추 약간

프랑스 알자스 지역의 플람쿠헨(Flammkuchen)은 얇은 밀가루 도우에 크렘프레슈 (creme fraiche)를 바르고 지방 많은 베이컨인 라르동(lardon)과 양파를 얹어 구워낸 피자 비슷한 음식이에요. 프랑스에서는 타르트 플랑베(tarte flambee)라고 하는데 저한테는 왠지 플람쿠헨이 더 익숙한 이름이에요. 콜리플라워 크러스트를 이용해 플람쿠헨을 만들면 아주 맛있는데 크렘프레슈 대신 구하기 쉬운 마스카르포네를 바르고, 고온에서 구울 수가 없으니(한번 구워진 크러스트라) 수분이 많은 양파 대신 대파를 사용하면 좋아요.

1. 베이컨은 잘게 자르고 대파는 동그란 모양을 살려 얇게 썬다.

2. 콜리플라워 크러스트에 마스카르포네를 고루 바른 후 모차렐라 치즈를 뿌린다.

3. 2에 베이컨과 대파를 고루 올려 190~200℃로 예열한 오븐에 20분간 굽는다.

4. 후추를 갈아 뿌린다.

채소 피자

칼로리	지방	단백질	탄수	식이	1장
524kcal	29.6g	41.3g	15g	5.1g	기준

| 재료 | 1~2인분(1장 분량)

- **콜리플라워 크러스트**(236쪽 참고)
  1장(20cm x 25cm)
- **토마토 페이스트** 20g
- **슈레드 모차렐라 치즈** 100g
- **블랙 올리브** 3~4알
- **양송이** 3개
- **피망** 1/3개
- **양파** 30g

화려하고 다양한 재료를 올려 만든 피자도 맛있지만 양파, 피망, 양송이, 올리브는 제가 제일 자주 만들게 되는 토핑 조합이에요. 준비하기도 손쉽고 맛있답니다.

1. 양파, 양송이, 피망은 얇게 슬라이스하고, 올리브도 슬라이스한다.

2. 콜리플라워 크러스트에 토마토 페이스트를 얇게 펴 바르고 1의 양파, 양송이, 피망, 올리브를 얹은 후 모차렐라 치즈를 고루 뿌린다.

3. 190℃로 예열한 오븐에 20분간 굽는다.

불고기 베이크

칼로리	지방	단백질	탄수	식이	1인분
799kcal	54.5g	62.5g	8g	2.5g	기준

| 재료 | 2인분

- 팻 헤드 도우(249쪽 참고) 1회 분량
- 소고기(불고기용) 200g
- 슈레드 모차렐라 치즈 100g
- 채 썬 양파 1/4개
- 파르메산 치즈 가루 약간
- 파슬리 가루 약간
- 불고기용 양념(285쪽 참고)

팻 헤드 도우에 볶은 불고기와 치즈를 넣어 창고형 대형 마트에서 파는 불고기 베이크와 비슷하게 만들어봤어요. 팻 헤드 도우는 밀가루로 만든 도우에 비해 탄력이 없어 재료를 넣어 모양을 잡기가 쉽지 않아요. 작게 여러 개 만드는 것보다 크게 한 덩이로 만들어 잘라 먹는 게 수월합니다.

1. 소고기와 양파를 불고기용 양념으로 버무린 후 팬에 볶아 식힌다.

2. 종이 포일을 깔고 한 덩이로 뭉친 팻 헤드 도우를 올린 후 종이 포일 한 장을 덮어 밀대로 밀어 고른 두께로 넓게 편다.

3. 넓게 편 도우 위에 덮은 종이 포일을 치우고 볶은 불고기와 모차렐라 치즈를 얹은 후 아래에 깔린 종이 포일째로 도우를 들어서 반으로 접는다.

4. 도우 가장자리를 잘 여민 후 종이 포일째로 들어서 오븐 팬으로 옮긴 후 겉면에 붓으로 물을 살짝 바르고 파르메산 치즈 가루와 파슬리 가루를 뿌린다.

5. 200℃로 예열한 오븐에 20분간 굽는다.

90초 빵 길거리 토스트

칼로리	지방	단백질	탄수	식이	1인분
689kcal	63g	23g	9g	2g	기준

| 재료 | 1인분 |

- 슬라이스 햄 20g
- 슬라이스 치즈 1장
- 달걀 1개
- 채 썬 **양배추·양파·당근** 약간씩
- 잘게 썬 **대파** 약간
- **무설탕 케첩** 1큰술
- 버터 10g
- 라드 1큰술
- 소금 약간

| 90초 빵 재료 |

- 녹인 **버터** 20g
- **아몬드** 가루 20g
- 달걀 1개
- 베이킹파우더 1/2작은술

인스타그램 친구에게 배운, 재료도 간단하고 전자레인지에 90초만 돌리면 되니 너무 간편하게 만들어 먹을 수 있는 90초 빵을 이용한 토스트예요. 길거리에서 사 먹던 추억의 토스트 못지않게 맛있으니 꼭 만들어보세요.

1. 밑면이 식빵 크기 정도 되는 내열 용기에 90초 빵의 재료인 녹인 버터, 아몬드 가루, 달걀, 베이킹파우더를 담고 숟가락으로 고루 섞는다.

2. 1을 전자레인지에 넣고 90초 돌린다.

3. 빵이 어느 정도 식으면 용기에서 꺼낸 후 완전히 식으면 반으로 자른다.

4. 달걀을 잘 풀어 채 썬 양배추, 양파, 당근과 잘게 썬 대파를 섞고 소금으로 간한 후 라드를 녹인 팬에 도톰하게 부쳐낸다.

5. 3의 90초 빵은 버터를 녹인 팬에 양면을 노릇하게 굽는다.

6. 빵 한쪽에 4의 달걀부침을 얹고 무설탕 케첩을 바른 후 슬라이스 치즈와 햄을 올리고 남은 빵 한쪽으로 덮는다.

> **TIP** 샌드위치를 여러 개 만들어야 할 땐 빵과 달걀부침을 미리 만들어 냉장 보관해두면 편해요. 샌드위치를 만들 때 빵과 달걀부침을 따뜻하게 프라이팬에 한번 데워서 만들면 됩니다.

아마씨 빵

칼로리	지방	단백질	탄수	식이	1조각	
137kcal	11.1g	6.3g	5.9g	5.8g	기준	

| 재료 | 덩어리 빵 1개(20조각)

- 아마씨 가루 375g
- 달걀 5개
- 달걀흰자 달걀 2개 분량
- 올리브 오일 5큰술
- 베이킹파우더 소복하게 1큰술(16g)
- 소금 1작은술
- 따뜻한 물 150ml

키토식을 시작한 초반에 자주 먹은 빵이에요. 슬라이스해서 얼리면 오래 보관할 수 있어요. 냉동시켜둔 빵은 냉장실에서 해동한 후 앞뒤로 살짝 구워 사용하면 됩니다. 식이 섬유를 제외하면 순 탄수화물 양은 거의 제로에 가까운 빵이에요.

1. 아마씨 가루, 베이킹파우더, 소금을 잘 섞는다.

2. 달걀, 달걀흰자, 올리브 오일, 따뜻한 물을 핸드 믹서로 고루 섞은 뒤 1과 섞는다.

3. 위쪽 크기가 22cm×12cm인 파운드 틀에 기름종이를 깔고 2의 반죽을 부은 후 170℃로 예열한 오븐에 40분간 또는 꼬챙이로 찔러서 젖은 반죽이 묻어나오지 않을 때까지 굽는다.

4. 구워진 빵을 꺼내 식힘망에 올려 식혀준 후 20조각으로 자른다.

5. 완성된 빵은 냉장이나 냉동 보관한다.

TIP

아마씨 식빵은 밀도가 높고 단단한 빵이라 얇게 썰 수 있어요. 조금만 먹어도 배부른 빵이니 얇게 썰어서 보관하세요.

키토 킹의 키토 식빵

칼로리	지방	단백질	탄수	식이	1조각
119kcal	7.7g	6.6g	6.8g	4.8g	기준

| 재료 | 1덩어리(12조각)

- 아몬드 가루 96g
- **차전자피*** 가루 60g
- 베이킹파우더 10g
- 소금 1/2작은술
- 달걀(큰 것) 6개
- 플레인 그릭 요거트 285g
- **견과류**나 **씨앗류**(선택 사항)

✔ 차전자(psyllium)피: 질경이 씨앗의 껍질을 말하며, 수분과 만나면 불어나 걸쭉한 질감을 만든다.

유튜브에서 유명한 'The Keto King'이라는 분의 키토 빵 조리법으로 만든 빵이에요. 만들기 쉬우면서도 만들어 본 키토 빵 중 몇 안 되는 만족스런 푹신한 질감의 빵이라 소개합니다. 슬라이스해서 1조각씩 포장해 얼려두면 오래 보관할 수 있고 필요한 만큼 냉장실에서 해동시킨 후 앞뒤로 토스트해서 사용하면 됩니다.

1. 가루류(아몬드 가루, 차전자피 가루, 베이킹파우더, 소금)를 스푼으로 저어 고루 섞는다.

2. 달걀에 그릭 요거트를 넣고 핸드 믹서로 섞는다.

3. 가루류 섞어둔 것을 2에 넣고 핸드 믹서로 섞는다.

4. 오븐을 180℃로 예열한다(예열하는 동안 반죽은 실온에 둔다).

5. 오븐이 예열되는 동안 되직해진 반죽을 스패출러로 떠서 기름종이를 깐 파운드 틀(위쪽이 22cm×12cm 크기)에 평평하게 고루 담는다.

6. 원하는 견과류나 씨앗을 뿌리고(선택 사항) 반죽에 잘 붙도록 살짝 눌러준 후 오븐에 55분 또는 꼬챙이로 찔러서 젖은 반죽이 묻어나오지 않을 때까지 굽는다.

7. 구워진 빵을 틀에서 꺼내 식힘망에 올려 식힌 후 12조각으로 자른다.

8. 완성된 빵은 냉장이나 냉동 보관한다.

팻 헤드 도우 핫도그

칼로리	지방	단백질	탄수	식이	1인분
623kcal	47.5g	38g	8g	2.5g	기준

| 재료 | 2인분
- 팻 헤드 도우 1회 분량
- 소시지 120g(이케아 비스트로 소시지 3개)

팻 헤드 도우(fat head dough)는 밀가루가 아닌 모차렐라 치즈를 주재료로 해서 '빵 반죽 질감'이 나오도록 한 거예요. 이름의 유래는 이 반죽을 처음 만든 사람의 삼촌이 제작한 코미디 다큐멘터리 〈Fat Head〉에서 유래했다고 해요. 속 재료를 넣어 구워도 어울려서 여러 가지 요리에 활용하기 좋아요.

1. 종이 포일을 깔고 한 덩이로 뭉친 팻 헤드 도우를 올린 후 종이 포일 한 장을 덮어 밀대로 밀어 고른 두께(4~5mm)로 넓게 편다.

2. 도우가 고르고 넓게 밀어지면 위에 덮은 종이 포일을 치우고 도우 끝에 소시지를 하나 올린 후 도우 양옆을 소시지 길이로 맞춰 자른다.

3. 도우 아래에 깔린 종이 포일째로 도우를 들어서 소시지를 한 바퀴 말아준다. 같은 방법으로 남은 도우를 이용해 소시지를 모두 말아준다.

4. 도우로 감싼 소시지를 적당한 길이로 잘라 서로 간격을 두어 오븐 팬에 올리고 200℃로 예열한 오븐에 15~20분간 굽는다.

5. 무설탕 케첩이나 머스터드를 곁들여 먹는다.

| 재료 |
- 슈레드 모차렐라 치즈 170g
- 크림치즈 30g
- 달걀(작은 것) 1개
- 아몬드 가루 50g

팻 헤드 도우 만들기 | 칼로리 930kcal, 지방 68g, 단백질 61g, 탄수화물 13g, 식이 섬유 5g (전체 분량)

1. 모차렐라 치즈에 크림치즈를 넣고 전자레인지에 1분간 돌린 후 섞고, 이후 30초씩 추가로 돌리며 전체적으로 녹을 때까지 확인하며 섞는다.

2. 녹은 치즈에 달걀을 넣고 숟가락으로 잘 섞는다(처음엔 겉돌지만 계속 저으면 매끈하게 섞인다).

3. 아몬드 가루를 넣고 잘 섞어 실온에 30분 이상 둔다.

4. 반죽을 손으로 살짝 만졌을 때 내용물이 묻어나지 않으면 완성(사용한 달걀의 크기가 크거나 온도에 따라 반죽이 좀 더 질어질 수 있으니 반죽이 너무 질어 손에 계속 달라붙으면 아몬드 가루를 조금씩 추가하며 치대어준다).

가나슈* 초콜릿 치즈 케이크

칼로리	지방	단백질	탄수	식이	1조각
310kcal	29.2g	7.6g	8.6g	5.1g	기준

| 재료 | 8조각

| 크러스트 |

- 녹인 **버터** 40g
- **아몬드 가루** 50g
- **코코넛 가루** 30g
- **에리스리톨** 1작은술
- **소금** 1꼬집

| 초콜릿 치즈 케이크 |

- **달걀** 2개
- **실온 크림치즈** 220g
- **에리스리톨** 2큰술
- **코코아 가루** 1큰술
- **시럽이 안 들어간 바닐라 익스트렉** 1/2작은술

| 가나슈 |

- **카카오 매스**(또는 90~99% 다크 초콜릿 잘게 자른 것) 80g
- **생크림** 150g
- **에리스리톨** 1큰술

✔ 가나슈(ganache): 크림과 섞어 만든 초콜릿, 또는 크림과 초콜릿을 섞어 만든 소스나 아이싱을 부르는 말이다. 가나슈란 '멍청이', '바보'라는 뜻의 프랑스어로, 19세기 프랑스의 어느 과자 공장 견습생이 실수로 초콜릿이 담긴 그릇에 끓는 우유를 쏟았는데, 그 견습생의 멍청한 짓 때문에 개발된 초콜릿이라 하여 가나슈라는 이름이 붙었다고 한다.

밸런타인데이 즈음에 만들었던 초콜릿 치즈 케이크예요. 만드는 과정이 복잡해 보이지만 어려운 건 없어요. 냉장고에 두고 한 쪽씩 잘라 먹으면 그 수고가 아깝지 않아요.

1. 크러스트 재료를 모두 섞는다.

2. 1호 사이즈 원형 케이크 틀(지름 15cm)에 종이 포일을 잘라 바닥과 벽면에 깔고 1을 넣고 꾹꾹 눌러 평평하게 만들어 냉장고에서 약간 굳힌다.

3. 실온에 둔 크림치즈를 핸드 믹서로 부드러워지도록 휘핑한 후 달걀, 에리스리톨, 바닐라를 넣고 섞다가 코코아 가루를 넣고 고루 섞어 초콜릿 치즈 케이크 반죽을 만든다.

4. 3을 2에 부어 170℃로 예열한 오븐에 1시간 구운 뒤 꺼내 틀째로 식힌다.

5. 잘게 자른 카카오 매스(다크 초콜릿)와 에리스리톨을 볼에 담아둔다.

6. 생크림을 냄비에 담아 불에 올린 후 냄비 가장자리가 끓기 시작하면 불에서 내려 5에 부어 1분간 가만히 둔 후 고루 섞어 가나슈를 만든다.

7. 4의 케이크 위에 가나슈를 골고루 부은 후 완전히 식힌다.

8. 가나슈가 굳은 후 케이크를 틀에서 분리해낸다.

> **TIP** | 에리스리톨은 설탕처럼 잘 녹지 않으니 사용 전 꼭 믹서에 곱게 갈아 사용하세요(별로 달지 않으니 에리스리톨 양을 줄이지는 마세요).

코코넛 팻밤

칼로리	지방	단백질	탄수	식이	2개
235kcal	24.5g	1.3g	2.7g	0.8g	기준

| 재료 | 40개

- 코코넛 크림 250ml
- 말린 코코넛 120g
- 코코넛 오일 150g
- 버터 150g
- 소금 2꼬집
- 에리스리톨 2큰술

| 초콜릿 코팅 재료 |

- 90% 다크 초콜릿 160g
- 코코넛 오일 50g

어릴 때 먹던 추억의 미제 초콜릿 아몬드 조이(Almond Joy, 지금도 팔죠!)가 생각나서 만들었어요. 그런데 너무 맛있어서 한 번에 조금씩만 먹으려면 굉장한 인내심이 필요해요. 이건 정말 힘든 일이죠.

1. 말린 코코넛을 미니 믹서에 잠깐 잠깐씩 돌려 잘게 자른다(코코넛 가루보다 입자가 좀 더 커서 씹힐 정도로).

2. 코코넛 크림, 코코넛 오일, 버터, 소금을 한데 담아 전자레인지에 1분씩 돌리며 완전히 녹인 후 1의 코코넛을 넣어 섞는다.

3. 22cm×22cm 사각 틀에 종이 포일을 깔고 2의 반죽(코코넛 필링)을 부은 후 냉장고에서 완전히 굳힌다.

4. 코코넛 필링이 완전히 굳으면 40조각으로 자른다(초콜릿을 입히기 전까지 차갑게 보관한다).

5. 다크 초콜릿을 잘게 다져 코코넛 오일과 함께 볼에 담은 후 따뜻한 물이 담긴 냄비 위에 올려 약한 불에 중탕으로 녹인다.

6. 코팅용 초콜릿이 녹으면 불에서 내려 완전히 식힌다.

7. 차갑게 식혀둔 코코넛 필링을 포크 위에 하나씩 올려 코팅용 초콜릿에 담갔다가 종이 포일 위에 올린다. 40개가 모두 완성되면 냉장고에 그대로 넣어 완전히 굳힌다.

8. 냉장 보관하며 먹는다.

TIP

슬라이스해서 한 조각씩
포장한 후 냉동 보관해두고
하나씩 꺼내 먹기에
좋은 케이크예요.

호박 케이크

칼로리	지방	단백질	탄수	식이	1조각
316kcal	29.4g	7g	8.2g	4.7g	기준

| 재료 | 12조각

- 달걀 4개
- 호박 퓌레 200g (여기선 호박만 익혀 갈 아놓은 캔 제품 사용)
- 생크림 70g
- 녹인 버터 170g

| 가루 재료 |

- 아몬드 가루 220g
- 코코넛 가루 60g
- 소금 1꼬집
- 시나몬 가루 1작은술
- 펌프킨 파이 스파이스* 1/2작은술
- 베이킹파우더 4작은술
- 에리스리톨 6큰술

| 글레이즈 재료 |

- 코코넛 오일 50g
- 에리스리톨 3큰술
- 시나몬 가루 1/2작은술
- 다진 피칸 약간(선택 사항)

✔ 펌프킨 파이 스파이스(pumpkin pie spice): 시나몬, 생강가루, 넛맥(nutmeg, 육두구), 클로브(clove, 정향)를 섞어 만든다. 시판 제품을 써도 되지만 위 향신료를 모두 가지고 있다면 4:1:1:0.5 비율로 섞어 직접 만들어도 된다.

가을 느낌이 물씬하면서도 따뜻한 향의 펌프킨 파이 스파이스는 제가 좋아하는 향신료 중 하나예요. 라테에도 솔솔 뿌려 먹고 단호박에도 뿌려 먹는데 이 펌프킨 파이 스파이스를 넣고 호박 케이크를 만들면 정말 맛있답니다. 당근 케이크처럼 시나몬 향이 나는 묵직한 케이크 종류를 좋아한다면 이 케이크도 분명 좋아하실 거예요.

1. 볼에 가루 재료를 모두 담아 고루 섞는다.

2. 볼에 달걀, 호박 퓌레, 생크림을 담아 핸드 믹서로 잘 섞은 후 녹인 버터를 넣고 섞는다.

3. 2에 1을 넣고 고루 섞는다.

4. 파운드 틀(위쪽이 30cm×13cm 크기)의 바닥과 옆면에 종이 포일(13cm× 30cm×8.5cm 크기)을 깔고 3의 반죽을 담은 후 윗면을 평평하게 정리한다.

5. 175℃로 예열한 오븐에 60분간 굽는다(또는 꼬챙이로 찔러 젖은 반죽이 묻어나지 않을 때까지 굽는다).

6. 케이크가 구워지면 틀에서 종이 포일째 꺼내 식힌다.

7. 코코넛 오일을 녹인 다음 에리스리톨과 시나몬 가루를 섞어 글레이즈를 만든다.

8. 식힌 케이크의 종이 포일을 벗기고 글레이즈를 끼얹은 후 글레이즈가 굳기 전 다진 피칸(선택 사항)을 뿌린다.

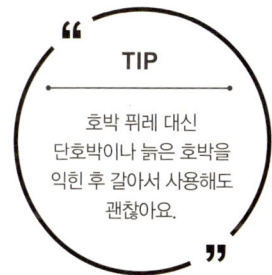

TIP

호박 퓌레 대신 단호박이나 늙은 호박을 익힌 후 갈아서 사용해도 괜찮아요.

비스킷

칼로리	지방	단백질	탄수	식이	1개
119kcal	15.4g	5.6g	3.4g	1.7g	기준

| 재료 | 6개
- 아몬드 가루 90g
- 소금 1/4작은술
- 베이킹파우더 1/2큰술
- 마늘 가루 1/4작은술
- 양파 가루 1/4작은술
- 달걀 1개
- 사워크림 57g
- 녹인 버터 28g
- 슈레드 체더 치즈 28g
- 머핀 틀에 바를 버터 약간

예전에 구글에서 찾은 레시피를 이용해 비슷하게 만들어본 키토 비스킷이에요. 포근포근한 식감이 괜찮아서 가끔 만들어 먹는데 금방 구워낸 따끈한 비스킷에 버터와 딸기 콩포트(283쪽 참고)를 발라 먹으면 학창 시절 친구들이랑 먹던 치킨 브랜드의 비스킷이 생각나요. 저는 K 치킨보다는 P 치킨의 비스킷을 더 좋아했답니다.

1. 아몬드 가루, 소금, 베이킹파우더, 마늘 가루, 양파 가루를 고루 섞는다.

2. 핸드 믹서로 달걀, 사워크림, 녹인 버터를 잘 섞은 후 슈레드 체더치즈를 섞는다.

3. 1과 2를 잘 섞는다.

4. 머핀 틀에 버터를 넉넉히 바르고 3의 반죽을 6등분하여 담는다.

5. 220℃로 예열한 오븐에 11분간 굽는다.

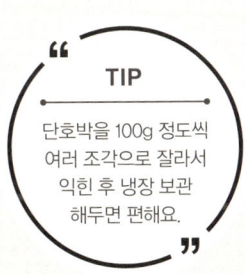

단호박과 아몬드 버터

칼로리	지방	단백질	탄수	식이	1인분
130kcal	9.6g	3.4g	10.6g	2g	기준

| 재료 | 1인분

• 단호박 100g
• 아몬드 버터 1큰술

하루 총 탄수화물 섭취량이 40g 미만인 키토식으로 식단을 유지하다가 탄수화물 양을 조금 늘려서 변화를 보려던 시기에 먹던 디저트예요. 적정량을 지켜 먹으면 탄수화물 양이 크게 높지는 않아서 여전히 즐겨 먹는 디저트입니다.

1. 단호박은 전자레인지에 3~4분간 익혀서 식힌 후 냉장고에 차갑게 둔다.

2. 단호박에 아몬드 버터를 곁들여 먹는다.

TIP

단호박을 100g 정도씩 여러 조각으로 잘라서 익힌 후 냉장 보관 해두면 편해요.

TIP

냉동 딸기를 사용한다면
얼음 대신 물 100g을
넣어 갈아주세요.

딸기 크림 셰이크

칼로리	지방	단백질	탄수	식이	1인분
160g	14.2g	1.3g	6.9g	1.6g	기준

| 재료 | 2인분

- 딸기 160g
- 생크림 80g
- 얼음 120g
- 에리스리톨 1작은술

1인당 100g도 안 되는 딸기는 금세 없어질 아쉬울 양이지만 생크림과 얼음을 넣어 갈아 셰이크로 만들면 꽤 풍성한 느낌이 나요. 날씨가 더워지기 시작할 무렵에 먹기 좋은 디저트예요.

1. 모든 재료를 섞어 미니 믹서나 핸드 블렌더로 곱게 갈아 마신다.

TIP

1조각씩 포장해
냉동해두고 먹기에
딱 좋은 간식이에요.

브라우니

칼로리	지방	단백질	탄수	식이	1조각 기준
210kcal	20.4g	5.6g	6.5g	4.5g	

| **재료** | **8조각**

- 코코아 가루 1/4컵*
- 코코넛 가루 2큰술
- 소금 1꼬집
- 실온에 둔 **달걀** 3개
- 에리스리톨 1/2컵
- 바닐라 익스트렉(시럽이 들어 있지 않은 것) 1/2작은술
- 버터 130g
- 베이킹용 **초콜릿**(100% 카카오) 60g

✓ 1컵 = 240ml

키토 커넥트(www.ketoconnect.net)의 조리법이에요. 제가 개발한 조리법은 아니지만 만들어 먹어본 키토 브라우니 중 일반 브라우니랑 가장 비슷해서 소개합니다.

1. 코코아 가루, 코코넛 가루, 소금을 고루 섞는다.

2. 달걀, 에리스리톨, 바닐라 익스트렉을 볼에 담고 핸드 믹서로 전체 부피가 3배가 될 때까지 휘핑한다.

3. 베이킹용 초콜릿(100% 카카오)을 잘게 잘라 버터와 함께 중탕으로 녹인 후 여기에 2의 달걀 믹스를 3번에 나눠 넣으며 섞는다.

4. 초콜릿과 달걀 믹스가 잘 섞이면 1의 가루를 3번에 나눠 넣으며 섞는다.

5. 오븐용기(24cm×14cm)에 종이 포일을 깔고 4를 부어 165℃ 예열한 오븐에 50분간 굽는다.

6. 브라우니가 완전히 식으면 8조각으로 자른다(에리스리톨 가루를 뿌리거나 휘핑 한 생크림을 얹어 먹으면 좋다).

하겐다즈 바 따라잡기

칼로리	지방	단백질	탄수	식이	2개	
393kcal	40.6g	4g	3.7g	0g	기준	

| 재료 | 8개

- 달걀노른자 1개
- 생크림 170g
- 바닐라 익스트렉(시럽이 들어 있지 않은 것) 1/4작은술
- 에리스리톨 15g
- 인스턴트커피 1½작은술

| 초코 셸 |

- 90% 다크 초콜릿 80g
- 코코넛 오일 50g

✓ 아이스크림 바는 7.5cm×4cm 크기 정도.

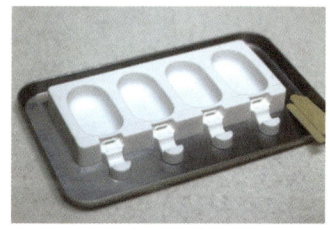

아이스크림 기계가 없다면 집에서 부드러운 식감의 아이스크림을 만들기가 번거로운 게 사실이에요. 그래서 저는 그에 비해 만들기 쉬운 아이스크림 질감이 나는 아이스크림바를 만들어 먹어요. 여기서 만드는 아이스크림 바는 딱딱하지 않고 부드러운 질감이라 실리콘 재질의 몰드를 사용해야 매끈하면서도 부서지지 않게 분리할 수가 있어요. 저는 실리코마트(Silikomart) 사의 미니 몰드를 사용했어요.

1. 인스턴트커피에 따뜻한 물 2~3작은술을 넣고 저어 내용물을 녹인다.

2. 핸드 믹서로 달걀노른자를 옅은 레몬빛이 돌도록 휘핑한 후 바닐라 익스트렉과 물에 녹인 커피를 넣고 고루 섞는다.

3. 생크림에 에리스리톨을 넣고 핸드 믹서로 단단한 뿔이 생길 때까지 휘핑한 후 2와 고루 섞는다.

4. 아이스바용 몰드에 아이스크림 반죽을 담고 막대기를 꽂아 얼린다.

5. 다크 초콜릿을 잘게 다져 코코넛 오일과 섞은 후 볼을 따뜻한 물이 담긴 냄비에 올려 녹을 때까지 약한 불에 중탕한다.

6. 5의 초코 셸용 초콜릿 믹스가 녹으면 불에서 내려 완전히 식힌다.

7. 단단하게 언 아이스바를 하나씩 초콜릿 믹스에 담갔다가 얼려 겉면에 초코 셸을 만들어준다(초콜릿이 덜 입혀졌다 싶으면 일단 굳혔다가 한 번 더 입혀준 뒤 얼린다).

| TIP | 초코 셸은 재료량의 2배 정도로 넉넉히 만드는 편이 아이스크림 바를 담가서 묻히기가 쉬워요. 남은 초코 셸은 냉장 보관했다가 중탕해서 녹여 쓰면 돼요. |

바닐라 아이스크림 / 아포가토

칼로리	지방	단백질	탄수	식이	1인분
378kcal	39.7g	3.7g	3.2g	0g	기준

| 재료 | 5인분

- 달걀노른자 3개
- 생크림 500g
- 에리스리톨 40g
- 소금 1꼬집
- 바닐라 익스트렉(시럽이 들어 있지 않은 것) 1작은술
- 바닐라빈 1/2개

건강한 아이스크림이라니! 따끈한 얼음처럼 말 안 되게 들리지만 키토식에서는 가능해요. 건강한 재료로 만든 아이스크림으로 아포가토(affogato)를 만들어 먹으면 늘 하게 되는 생각, '키토식 만세!'

1. 달걀노른자를 옅은 레몬빛이 나도록 핸드 믹서로 휘핑한 후 바닐라 익스트렉, 생수 1작은술을 넣고 바닐라빈을 칼로 긁어 넣은 다음 고루 섞는다.

2. 생크림을 볼에 담고 에리스리톨과 소금을 넣어 단단한 뿔이 생길 때까지 핸드 믹서로 휘핑한다(여기서 더 휘핑하면 생크림이 분리되므로 주의한다).

3. 2에 1을 넣고 핸드 믹서로 고루 섞은 후 용기에 담아 얼린다.

4. 1시간 30분 후 꺼내 숟가락으로 고루 잘 섞은 후 다시 얼린다.

5. 약 3~6시간 동안 완전히 얼린다(냉동실 성능이나 용기에 따라 시간이 달라짐).

6. 아이스크림 밀도가 높고 단단하므로 먹을 땐 미리 꺼내 실온에 5~10분 두었다가 먹는다.

| 재료 | 1인분

- 바닐라 아이스크림 1인분(약 2/3컵)
- 에스프레소 더블샷

아포가토 만들기

1. 바닐라 아이스크림을 스쿱으로 떠서 컵에 담고 에스프레소 더블샷을 내려 아이스크림 위에 붓는다.

2. 행복해진다!

딸기 마스카르포네 디저트

칼로리	지방	단백질	탄수	식이	1인분
202kcal	19.4g	2.1g	5.3g	0.7g	기준

| 재료 | 4인분

· 딸기 12알
· 마스카르포네 8큰술
· 생크림 4큰술

딸기에 마스카르포네 크림을 채워 넣기만 해도 특별하고도 예쁜 디저트가 됩니다.

1. 마스카르포네에 생크림을 넣어 핸드 믹서로 부드럽게 섞어 짜주머니에 담는다.

2. 딸기의 꼭지 부분을 칼로 평평하게 도려내고 뾰족한 쪽에 열십자로 칼집을 깊게 내준다.

3. 딸기의 칼집 낸 부분을 벌려 짜주머니에 담긴 마스카르포네 크림을 짜 넣어주면 완성!

파르메산 치즈 칩

칼로리	지방	단백질	탄수	식이	1인분
140kcal	9.8g	13g	0g	0g	기준

| 재료 | 4인분

• 파르메산 치즈(파미지아노 레지아노 또는 그라나 파다노) 130g

파르메산 치즈 칩은 시판 제품이 있을 정도로 바삭하고 맛있어요. 집에서도 어렵지 않게 만들 수 있지만 하나 둘 먹다 보면 멈출 수 없는 게 흠이에요. 바삭한 게 생각날 때 간식으로도 좋고 샐러드에 곁들여도 맛있어요.

TIP 프라이팬으로 만들기(소량일 때)

• 기름을 두르지 않은 팬에 너무 두껍지 않게 고른 두께로 치즈를 올리고(6~7cm 지름으로 여러 군데) 불에 올려 치즈가 녹기 시작하면 약한 불로 줄여서 노릇해질 정도로 구운 후 꺼내어 식히면 됩니다.

• 덩어리가 아닌 가루 형태의 파르메산 치즈를 사용할 경우에는 소량만 먼저 구워 테스트해보세요. 이때 치즈가 녹지 않고 가루 형태로 노릇하게 구워진다면 스프레이로 생수를 살짝 뿌려준 후 구우면 됩니다.

1. 덩어리 파르메산 치즈를 치즈 그레이터에 간다.

2. 45cm×32cm 크기의 쿠키 팬에 실리콘 매트나 종이 포일을 깔고 1의 파르메산 치즈를 넓게 펼친다(쿠키 팬 크기가 작으면 2회로 나눠 굽는다).

3. 175℃로 예열한 오븐에 10~15분간 전체적으로 노릇해지도록 구운 뒤 꺼내서 식힌다(식으면서 더 바삭바삭해진다).

4. 적당한 크기로 부숴서 밀폐 용기에 보관한다.

시금치 칩

칼로리	지방	단백질	탄수	식이	1인분
12kcal	0.7g	0.9g	1.1g	0.7g	기준

| 재료 | 2인분
- 잎이 여린 **시금치** 2~3컵
- 아보카도 오일 2~3방울
- 소금 약간

낮은 온도의 오븐에 수분을 말리며 구운 시금치 칩은 가벼우면서도 바삭바삭 와삭 와삭한 식감이에요. 저는 사워크림이나 무설탕 요거트를 듬뿍 찍어 먹어요.

1. 시금치는 씻어서 샐러드 스피너에 돌려 물기를 뺀다.

2. 1의 시금치를 키친타월로 두드려 좀 더 물기를 제거한 후 아보카도 오일이 고루 묻도록 가볍게 버무린다.

3. 쿠키 팬에 실리콘 매트를 깔고 시금치를 가능한 한 겹쳐지지 않도록 올린 다음 소금을 뿌린다.

4. 150℃로 예열한 오븐에 15분간 구운 뒤 상태를 확인하며 바삭해질 때까지 5분씩 더 굽는다.

버터 황태 칩

칼로리	지방	단백질	탄수	식이	1인분
187kcal	13.2g	16g	0.1g	0g	기준

| 재료 | 2인분

- 황태채 40g
- 버터 30g
- 소금 약간

버터를 넉넉히 넣고 황태를 볶으면 바삭바삭한 칩이 됩니다. 키토식으로 즐길 수 있는 몇 안 되는 바삭한 식감의 간식이지만 말린 생선이라 단백질 함유량이 많으니 먹는 양에 주의해야 해요.

1. 황태채는 가위를 이용해 3cm 길이로 자른다.

2. 팬에 버터를 녹이고 황태채를 넣어 고루 섞은 후 약한 불에서 황태가 노릇해질 때까지 뒤적이며 볶는다. 이때 소금을 약간 뿌려 간을 보며 볶는다.

3. 오래 두지 말고 바로 먹는다.

TIP

약한 불에서 오래 볶아야 황태가 타지 않으면서 바삭해져요.

소치소치

칼로리	지방	단백질	탄수	식이	1인분
232kcal	19.4g	13g	1g	0g	기준

| 재료 | 2인분

- **소시지** 2개(80g, 이케아 비스트로 소시지 기준)
- 구워 먹는 **치즈** 80g
- **머스터드 소스**(또는 무설탕 케첩) 약간
- **라드** 약간(선택 사항)

소시지와 떡볶이용 떡을 번갈아 끼워 구운 '소떡소떡'이 한창 유행하기에 만들어본 키토 버전이에요. 떡 대신 구워 먹는 치즈를 사용해서 그 이름은 '소치소치'. 아이들이 좋아하겠죠. 제 남편도 무척 좋아합니다만.

1. 소시지 두께에 맞춰 치즈를 자르고 둘 다 한 입에 먹기 좋은 길이로 자른다.

2. 나무 꼬치에 소시지와 치즈를 번갈아 끼운다(양끝은 소시지로).

3. 팬을 달군 후 중간 불 이상에서 소시지와 치즈의 겉면이 노릇해지도록 굽는다.

4. 살짝 한 김 식힌 후 머스터드 소스나 무설탕 케첩을 곁들여 먹는다.

> **TIP**
>
> 보통은 기름 없이 구워도 되지만 치즈 종류에 따라 팬에 들러붙을 수도 있어요. 이때는 라드를 살짝 둘러 구워주세요.

버터구이 오징어

칼로리	지방	단백질	탄수	식이	1인분
138kcal	8.6g	11.9g	2.5g	0g	기준

| 재료 | 2인분
- **마른 오징어 몸통** 1개(약 40g)
- **마요네즈** 2작은술
- **가염 버터** 10g
- **파슬리** 약간

오징어 진미채를 이용해 버터구이를 만들면 정말 맛있겠지만 진미채는 설탕으로 조미가 되어 있으니 마른 오징어를 이용해 만들어 먹어요.

1. 마른 오징어 몸통은 찬물에 20분간 담가 불린 후 키친타월로 물기를 닦고 0.5cm 너비로 자른다.

2. 마요네즈와 1의 오징어를 고루 버무린다.

3. 팬에 가염 버터를 녹이고 오징어와 파슬리를 넣고 볶는다.

> **TIP**
> - 오래 볶으면 오징어가 질겨지니 살짝 오그라들 정도만 볶아주세요.
> - 에리스리톨과 다진 마늘을 넣어 만들면 시판 제품과 더 비슷한 맛이 난답니다(이렇게 직접 만들어보면 시판 제품에 얼마나 많은 설탕이 들어 있는지 가늠이 될 거예요).
> - 파니니 그릴이 있다면 불린 오징어를 통째로 앞뒤에 마요네즈를 바른 다음 버터를 올려 눌러 구워도 돼요.

Chapter 7

소스, 드레싱, 육수

볼로네제 소스

칼로리	지방	단백질	탄수	식이	1인분
258kcal	20.2g	11.5g	5.1g	0.3g	기준

| **재료** | 10인분

- 다진 **돼지고기** 300g
- 다진 **소고기** 300g
- **토마토** 캔(홀토마토, 깍둑썰기 한 토마토 등) 1kg
- **양파** 150g
- 다진 **마늘** 1큰술
- **셀러리** 1줄기
- **아보카도 오일** 3큰술
- **생크림** 100g
- **버터** 60g
- 단맛 없는 **레드 와인** 1/2컵
- **월계수 잎** 2장
- 말린 **오레가노** 2꼬집
- **소금·후추** 약간씩

✓ 1컵 = 240ml

볼로네제 소스가 다른 토마토 미트 소스와 다른 점이 있다면 크림이나 우유가 들어간다는 거예요. 고기 건더기가 많고 수분이 적은 소스이기 때문에 달걀이나 채소에 곁들이면 든든한 식사로 좋아요. 많은 분이 만들어 먹어보시고 맛있다고 좋아했던 소스입니다. 한번에 많은 양을 만들어 비닐봉지에 소분해서 얼려두면 편리해요. 먹기 하루 전에 봉지째 냉장실로 옮겨 그대로 해동시킨 후 냄비에 데우면 방금 만든 것처럼 맛있어요!

1. 양파와 셀러리는 잘게 자른다.

2. 냄비에 오일을 두르고 양파, 셀러리, 다진 마늘을 볶다가 양파가 투명해지면 다진 고기를 넣고 고슬고슬해지도록 볶는다. 소금과 후추로 간하며 볶는다.

3. 레드 와인과 토마토 캔, 생크림을 넣은 후 오레가노와 월계수 잎을 넣어 끓인다.

4. 뭉근한 불에서 1~2시간 저어주며 충분히 끓여 수분이 졸아들면 버터를 넣어 녹인 후 소금, 후추로 간한다.

바질 페스토

칼로리	지방	단백질	탄수	식이	1큰술	
79kcal	8.1g	1.2g	0.7g	0.3g	기준	

| **재료** | **20큰술**

- **생바질** 100g
- **파르메산 치즈**(파미지아노 레지아노
  또는 그라나 파다노) 50g
- **잣** 50g
- **올리브 오일** 1/2컵*
- **마늘** 2쪽
- **소금** 1/2작은술
- **후추** 1/2작은술
- **보관용 올리브 오일** 약간

✓1컵 = 240ml

신선한 바질과 좋은 재료들을 이용해 직접 만든 페스토는 사 먹는 것과 비교도 안 되게 맛있어요. 소량씩 포장해서 냉동해놓으면 오래 두고 먹을 수 있으니 바질이 싼 계절에 꼭 만들어보세요. 올리브 오일만 더 추가해 구운 채소나 생모차렐라 치즈에 드레싱으로 뿌려도 되고, 피자나 샌드위치에 바르거나 주키니 파스타 소스로 이용하는 등 활용도가 높아 저는 늘 냉동실에 두고 쓰는 소스예요.

1. 바질 잎은 깨끗이 씻어 샐러드 스피너에 돌려 물기를 뺀다.

2. 파르메산 치즈와 마늘은 갈기 편하게 작은 크기로 대충 잘라놓는다.

3. 바질, 파르메산 치즈, 잣, 마늘을 믹서에 넣고 잠깐 잠깐씩 돌리다가 어느 정도 갈리면 올리브 오일을 조금씩 흘려 넣으며 간다.

4. 모든 재료가 곱게 갈리고 잘 섞이면 소금과 후추로 간한다.

5. 가능한 한 작은 크기의 용기에 여러 개로 담고 위쪽에 올리브 오일을 조금 씩 부은 후 냉동실에 얼린다.

과카몰리*

칼로리	지방	단백질	탄수	식이	1인분
172kcal	14.7g	2.4g	11.3g	7.3g	기준

| 재료 | 2인분

아보카도(작은 것) 2개(과육만 약 200g), 토마토 1/2개, 다진 양파 3큰술, 레몬즙 1큰술, 타바스코 3번 착착착, 다진 고수 약간(또는 말린 고수), 다진 마늘(금방 다져 신선한 것) 약간, 소금·후추 약간씩

부드럽게 잘 익은 아보카도가 있으면 늘 과카몰리를 생각하게 돼요. 상큼하고 싱그러운 맛이라 고기에 사이드 메뉴로 곁들여도 좋고 샐러드에 한 스쿱 얹어 먹어도 든든하고 어울려요

1. 아보카도는 과육만 도려내 포크로 대충 으깨어 놓고 토마토는 씨 부분을 제거한 후 사방 1cm 크기로 깍둑썰기 한다.

2. 아보카도에 토마토, 다진 양파, 레몬즙, 타바스코, 다진 마늘을 넣고 포크로 섞은 후 다진 고수(또는 말린 고수)를 넣고 소금, 후추로 간한다.

✓ 과카몰리(guacamole): 멕시코 음식으로, 아보카도와 라임 주스에 칠리와 고춧가루를 혼합시킨 소스다.

딜 마요 소스

칼로리	지방	단백질	탄수	식이	1인분
196kcal	20.9g	0.9g	1.7g	0g	기준

| 재료 | 4인분

마요네즈 100g, 사워크림 80g, 디종 머스터드 1작은술, 말린 딜 1/2작은술, 후추 약간

삶은 달걀에 얹어 간식으로 먹어도 맛있고, 구운 연어에 곁들이거나 오이에 듬뿍 찍어 먹어도 맛있어요.

1. 모든 재료를 한데 담아 고루 섞는다.

> **TIP**
>
> 딜 마요 소스는 삶은 달걀, 연어 구이, 오이와 특히 잘 어울려요.

시저 드레싱

칼로리	지방	단백질	탄수	식이	1인분
187kcal	19.7g	2.7g	0.7g	0.3g	기준

| 재료 |3인분(약 100g)

- **달걀노른자** 1개
- **앤초비 페이스트** 10g(또는 앤초비 필레 3개 곱게 다진 것)
- **레몬즙** 1½큰술
- **다진 마늘** 1/4작은술
- **올리브 오일** 50g
- **파르메산 치즈**(파미지아노 레지아노 또는 그라나 파다노)) 10g
- **소금·후추** 약간씩

시저 샐러드는 워낙 고칼로리라 예전에는 살찌는 샐러드라고 생각했었어요. 하지만 저탄고지 식단 이후 앤초비, 달걀노른자, 올리브 오일, 파르메산 치즈가 주재료인 시저 샐러드를 더욱 사랑하게 되었어요(이렇게 맛있고도 건강한 드레싱이라니!). 달걀노른자를 생으로 사용하는 드레싱이므로 그때그때 만들어 먹는 것이 좋아요. 하루 이틀 안에 먹는 게 제일 좋지만 잘 밀봉해 냉장 보관하면 4~5일 정도는 괜찮아요.

1. 앤초비 페이스트(또는 곱게 다진 앤초비 필레)에 달걀노른자, 다진 마늘, 레몬즙을 넣고 거품기로 잘 섞는다.

2. 1을 거품기로 계속 저으며 올리브 오일을 조금씩 넣는다.

3. 덩어리 파르메산 치즈를 곱게 갈아서 넣고 섞은 후 모자라는 간은 소금으로 맞추고 후추를 넣는다.

홀랜다이즈 소스

칼로리	지방	단백질	탄수	식이	1인분
448kcal	47.8g	2.7g	0.6g	0g	기준

| 재료 | 2인분

- 버터 110g
- 달걀노른자 2개
- 레몬즙 1~2큰술
- 소금 약간

에그 베네딕트에 쓰이는 소스로 알려진 홀랜다이즈 소스는 버터와 달걀노른자가 주재료라 키토식에 정말 안성맞춤이죠. 필요할 때마다 바로 만들어 써야 해서 좀 번거롭긴 하지만 그 정도 수고를 할만한 가치가 있어요. 수란이나 연어에 듬뿍 끼얹어 먹어도 좋고 아삭하게 데친 아스파라거스와도 환상 궁합이에요.

1. 버터를 냄비에 넣고 약한 불에 녹인다.

2. 볼에 달걀노른자와 물 1큰술을 담아 거품기로 섞은 후 따뜻한 물이 담긴 냄비 위에(볼 바닥이 물에 닿지는 않도록) 올리고 약한 불로 중탕한다.

3. 2의 달걀노른자 + 물 믹스에 따뜻한 기운이 전해질 정도로만 거품기로 저어준 후 노른자가 옅은 색이 되면 녹인 버터를 조금씩 넣으며 계속 거품기로 젓는다.

4. 약간 크리미해지면 레몬즙을 넣고 계속 저어주다가 소스의 부피가 늘고 크리미한 질감이 되면 소금으로 간하고 중탕 냄비에서 볼을 내린다.

아라비아타 소스

칼로리	지방	단백질	탄수	식이	1인분
104kcal	8g	1.7g	6.2g	0.3g	기준

| 재료 | 4인분

홀토마토 캔 400g, 양파 80g, 다진 마늘 2작은술, 닭 육수 1/2컵, 아보카도 오일 2큰술, 레드 페퍼 플레이크 2작은술, 말린 로즈메리 1꼬집, 말린 오레가노 1꼬집, 소금·후추 약간씩   *1컵 = 240ml

매콤한 맛이 나는 토마토소스예요. 키토식을 하기 전에는 특정 브랜드의 제품을 주로 사 먹었는데 단맛 나는 소스가 아님에도 설탕이 꽤 많이 들어 있어서 이제는 만들어 먹어요. 많은 양을 만들어서 캐닝*을 해두면 실온에도 보관이 가능해서 늘 두고 먹는 소스예요. 파스타 면 대신 구운 가지를 넣어서 아라비아타 파스타를 먹거나 미트볼을 아라비아타 소스에 넣고 데워 먹기도 해요.

1. 양파는 잘게 자른다.

2. 냄비에 아보카도 오일을 두르고 양파와 마늘을 볶다가 양파가 투명해지면 닭 육수, 홀토마토 캔, 레드 페퍼 플레이크, 말린 로즈메리, 말린 오레가노를 넣고 끓인다.

3. 재료 맛이 어우러지도록 뭉근히 끓인 후 소금과 후추로 간한다.

✓ 캐닝(canning): 식품 저장법의 하나로 유리병이나 캔에 식품을 채우고 열처리해 살균과 동시에 밀봉을 하는 방식이다. 가열 살균을 하고 외부로부터 미생물이 침입할 수 없기 때문에 식품의 장기 저장이 가능하다. (21쪽 참고)

랜치 드레싱

칼로리	지방	단백질	탄수	식이	1인분
240kcal	26g	1g	1.7g	0g	기준

| 재료 | 3인분

마요네즈 100g, 사워크림 50g, 말린 차이브 1/4작은술, 말린 딜 1/4 작은술, 말린 파슬리 1/4작은술, 마늘 가루 1/8작은술, 양파 가루 1/8 작은술, 소금 1/16작은술, 후추 1/16작은술, 레몬즙 약간

저희 집에서 자주 먹는 기본 드레싱은 양파 비니그레트 드레 싱이지만 좀 더 묵직한 드레싱이 생각날 땐 랜치 드레싱을 만들어요. 들어가는 허브나 가루류가 복잡해 보이지만 한번 구입해두고 냉장 보관하면 오래 쓸 수 있는 것들이니 모든 재료를 빠뜨리지 말고 준비해 랜치 드레싱을 만들어보세요. 수고가 아깝지 않을 맛이랍니다.

1. 모든 재료를 한데 담고 숟가락으로 휘저어 잘 섞어 준다.

TIP 1/16작은술은 1/8작은술 크기의 계량스푼이 있으면 그 절반 양을 계량하면 됩니다. 다양한 용량으로 세 분화된 계량스푼을 가지고 있으면 편해요. 세분화 된 계량스푼이 없을 경우 1/16작은술은 약 2꼬집 정 도의 양이라 생각하면 됩니다.

고추 액젓 소스

칼로리	지방	단백질	탄수	식이	1인분
58kcal	5g	0.9g	3.3g	0.7g	기준

| 재료 | 2인분

청양고추 4개, 홍고추 약간(선택 사항), 액젓 1큰술, 생들기름 2작은술,
다진 마늘 1작은술, 통깨 1작은술, 에리스리톨 1/2작은술(선택 사항)

쌈장이나 고추장을 제외하니 삼겹살과 함께 먹을 만한 소스
가 적당치 않죠? 갈치속젓이나 제주도 멜젓을 좋아하는 분
이면 고추 액젓 소스도 좋아하실 거예요. 만들기도 간단하고
냉장 보관하면 일주일 정도는 두고 먹을 수 있어요.

1. 청양고추와 홍고추를 잘게 자른다.

2. 고추에 나머지 재료를 모두 넣어 잘 버무린 후 한두
   시간 두어 고추가 절여지고 수분이 생기면 먹는다.

" TIP

특히 삼겹살과는
정말 잘 어울리는
소스예요.

"

빈대떡집 양파 초간장

칼로리	지방	단백질	탄수	식이	1인분
21kcal	0.1g	0.7g	4.8g	0.7g	기준

| 재료 | 4인분

양파 130g, 대파 흰 부분 10cm, 청양고추 4개, 식초 2큰술, 리퀴드 아미노스 3큰술, 에리스리톨 1작은술, 통깨 1작은술

서울 광장시장에서 빈대떡 드셔보셨어요? 간장보다 양파가 더 많아 보이는 초간장이 빈대떡과 함께 나오는데 그 초간장을 집에서 가끔 만들어 먹어요. 차돌박이처럼 기름기 많은 소고기구이랑 먹으면 맛있고 곱창구이와도 잘 어울려서 동네 곱창구이 집에 갈 때 늘 만들어서 가지고 가요.

1. 양파는 사방 1~2cm 크기로 자르고 청양고추와 대파는 잘게 썬다.

2. 양파, 대파, 고추에 나머지 양념을 넣고 골고루 섞어준다.

> **TIP**
>
> 1~2시간 지나서 채소들이 간장에 절여져 수분이 생겼을 때가 더 맛있어요!

햄프시드 쌈장

칼로리	지방	단백질	탄수	식이	1인분
112kcal	9.1g	3.2g	4.7g	0.4g	기준

| 재료 | 4인분

집된장 3큰술, 햄프시드 1½큰술, 생들기름 2큰술, 다진 마늘 1큰술, 청양고추 2개

고기 먹을 때 쌈장으로도 좋고 회 먹을 때 함께 먹어도 맛있어요.

1. 청양고추는 잘게 썬다.

2. 모든 재료를 한데 담아 고루 섞는다.

차지키 소스

칼로리	지방	단백질	탄수	식이	1인분
139kcal	12.5g	2.3g	4.8g	0.5g	기준

| 재료 | 4인분

청오이(큰 것) 1개(280g), 사워크림 100g, 단맛 없는 요거트 100g, 올리브 오일 2큰술, 식초 1큰술, 레몬즙 1/2개 분량, 다진 마늘 1작은술, 말린 딜 1/2작은술, 소금 1/2작은술, 후추 1/4작은술

오이가 듬뿍 들어가 상큼하고 시원한 맛이 나는 소스예요. 미트볼이나 구운 연어에도 잘 어울리고 여름에 특히 맛있어요.

1. 청오이는 겉면을 소금으로 문질러 씻은 후 치즈 그레이터의 가장 큰 구멍을 이용해 갈아준 후 물기를 꼭 짠다.

2. 1의 오이에 나머지 재료를 모두 섞어 냉장고에 뒀다가 차갑게 먹는다.

미뇨네트 소스

칼로리	지방	단백질	탄수	식이	전체량
247kcal	27g	0.2g	2g	0.3g	기준

| 재료 | 하프 셸* 20~30개 분량

곱게 다진 양파 2큰술, 화이트 와인 식초 3큰술, 올리브 오일 2큰술, 다진 생 딜 1작은술, 핑크 후추(pink peppercorn) 1작은술

초고추장 말고는 생굴과 함께 먹을 소스가 마땅치 않다 싶으면 미뇨네트(mignonette) 소스랑 드셔보세요. 일반적인 미뇨네트 소스에 올리브 오일을 넉넉히 추가해 만들었더니 지방량도 더하고 올리브 오일 향도 향긋한 미뇨네트가 되었어요.

1. 핑크 후추는 작은 절구에 넣어 잘게 으깬다.

2. 모든 재료를 고루 섞어 하프 셸 굴*과 함께 낸다.

✓ 하프 셸(half shell) 굴: 껍데기를 한쪽만 떼어낸 굴.

간단 딸기 콩포트*

칼로리	지방	단백질	탄수	식이	1인분
16kcal	0.2g	0.3g	3.8g	1g	기준

| 재료 | 4인분

딸기 200g, 에리스리톨 2작은술, 소금 1꼬집

✓ 콩포트(compote) : 과일을 설탕에 조려 만든 유럽식 디저트.

간단하고 빠르게 만드는 딸기 콩포트예요. 사워크림이나 단 맛 없는 요거트에 섞어 디저트로 먹기 좋아요.

1. 딸기를 냄비에 담고 에리스리톨과 소금을 넣어 불에 올린다.

2. 감자 으깨는 기구나 큰 포크로 딸기를 으깨가며 끓인다.

3. 약간 조린 후 식힌다.

감칠맛 버터

칼로리	지방	단백질	탄수	식이	1인분
136kcal	14.5g	0.9g	1g	0.2g	기준

| 재료 | 6인분

실온에 둔 무염 버터 100g, 앤초비 페이스트 5g, 올리브 5g, 말린 토마토(올리브 오일에 들어 있는 것) 6g, 파르메산 치즈(파미지아노 레지아노 또는 그라나 파다노) 10g, 말린 차이브 1작은술, 말린 파슬리 1작은술, 마늘 가루 1/2작은술, 훈제 파프리카 가루 1/16작은술, 후추 약간, 레몬즙 약간

감칠맛 나는 짭짤한 재료들을 넣고 맛을 낸 버터예요. 키토빵이나 크래커에 듬뿍 발라 먹으면 특별하고 맛있어요. 들어가는 감칠맛 재료는 입맛에 따라 얼마든지 빼거나 늘리거나 다른 재료를 추가할 수 있어요.

1. 올리브와 선드라이드 토마토는 잘게 다지고, 파르메산 치즈는 치즈 그레이터를 이용해 곱게 간다.

2. 버터에 모든 재료를 넣어 고루 섞는다.

양파 비니그레트 드레싱

칼로리	지방	단백질	탄수	식이	1인분
147kcal	16.2g	0g	1.2g	0g	기준

| 재료 | 5인분(1인분: 2½큰술)

엑스트라 버진 올리브 오일 6큰술, 화이트 발사믹 식초 2큰술, 와인 식초 1큰술, 디종 머스터드 1작은술, 다진 양파 2큰술, 소금·후추 약간씩

숟가락이 들어갈 정도로 입구가 넓은 유리병에 늘 만들어두는 기본 드레싱이에요. 냉장 보관하고 사용하기 전 실온에 꺼내어 올리브 오일이 액체 상태가 되면 골고루 흔들어 사용해요. 저는 오일과 식초를 2 : 1의 비율로 섞고 때에 따라 레몬즙을 넣거나 식초 종류를 바꾸며 약간씩 변화를 줍니다.

1. 모든 재료를 입구가 넓은 유리병에 담고 흔들어 고루 섞는다.
2. 소금으로 간을 맞추고 후추를 넉넉히 갈아 뿌린다.

> **TIP**
>
> 단맛이 있는 화이트 발사믹을 넣는 것이 더 맛있지만 와인 식초로 대체해도 괜찮아요.

불고기 양념

칼로리 및 영양 성분이 미미하므로 생략

| 재료 | 고기 200g당

리퀴드 아미노스 2밥숟가락, 에리스리톨 1밥숟가락, 대장부 1밥숟가락, 참기름 1/2밥숟가락, 다진 마늘 1/4밥숟가락, 후추 약간

✓ 1밥숟가락(스테인레스 밥숟가락) = 7ml

제가 '밥숟가락 불고기 양념 공식'이라고 부르는 이 계량법은 신혼 때부터 불고기를 만들 때 사용하던 방법이에요. 고기 200g당 스테인리스 밥숟가락으로 진간장 2, 설탕 1의 공식으로 만들면 언제나 맛있는 불고기를 만들 수 있어요. 간장과 설탕의 비율만 잘 맞추면 그 외 참기름, 요리용 술, 마늘, 파, 후추 등의 부재료 양이 조금씩 달라져도 맛은 크게 변하지 않아요. 키토식에도 여전히 같은 공식이 적용되지만 진간장 대신 리퀴드 아미노스, 설탕 대신 에리스리톨을 쓴다는 게 다를 뿐이죠. 고기 외 양파나 버섯이 약간 들어가는 불고기를 만드는 기준이라 고기만 양념할 때는 간이 좀 센 듯해요. 하지만 김밥 소나 비빔밥 등 요리의 속 재료로는 간이 괜찮아요.

1. 모든 재료를 넣고 잘 섞어준다.

데리야키 소스

칼로리 및 영양 성분이 미미하므로 생략

| 재료 | 약 200ml

양파 1/2개, 대파 1대, 리퀴드 아미노스 200ml, 대장부 300ml, 에리스리톨 3큰술, 생강(엄지손가락 크기) 1톨, 마늘 4쪽

하얏트 호텔 일식부에서 일했던 셰프님께 예전에 배웠던 데리야키 소스를 키토식으로 만들어봤어요. 채소를 굽는 과정이 있어서 좀 번거롭지만 한번 만들어 냉장 보관하면 아주 오랫동안 두고 먹을 수 있어요.

1. 양파랑 대파는 석쇠에 올려 가스레인지 불에 군데군데 태우며 겉면을 굽는다.

2. 냄비에 구운 양파와 대파, 나머지 재료를 모두 넣고 불에 올린 후 끓기 시작하면 약한 불로 줄여 양이 반으로 줄어들 때까지 조린다.

3. 체에 밭쳐 국물만 거른 후 식혀 냉장 보관한다.

고르곤졸라 크림소스

칼로리	지방	단백질	탄수	식이	1인분
197kcal	20.4g	2.5g	1.6g	0g	기준

| 재료 | 2인분

생크림 200g, 고르곤졸라 치즈 1½큰술, 마늘 가루 약간(선택 사항), 소금·후추 약간씩

맛있고 만들기도 간단해서 키토식 초반에 종종 만들어 먹던 소스예요. 소고기 스테이크와도 닭고기와도 잘 어울리고, 데친 브로콜리에 끼얹어 먹어도 맛있어요..

1. 생크림에 고르곤졸라 치즈를 넣고 불에 올려 거품기로 저으며 끓인다.

2. 크림이 따끈하게 데워지고 원하는 농도가 나오면 마늘 가루를 넣고(선택 사항) 모자라는 간은 소금으로 맞춘 후 후추를 뿌린다(끓일수록 걸쭉해진다).

간단 토마토소스

칼로리	지방	단백질	탄수	식이	1인분
88kcal	4.1g	2.2g	9.9g	4.7g	기준

| 재료 | 4인분

토마토 펄프(690g) 1병(또는 깍둑썰기 한 토마토나 홀 토마토 캔), 양파 100g, 다진 마늘 1/2큰술, 생바질 잎 1줌, 아보카도 오일 1큰술, 소금·후추 약간씩

토마토 펄프나 토마토 캔 제품을 그냥 써도 되지만 양파와 마늘 등 간단한 재료를 살짝 더하기만 해도 한결 나은 소스가 된답니다. 생바질이 없으면 말린 바질을 사용해도 되고 오레가노 등 다른 허브 류를 사용해도 괜찮아요.

1. 양파와 바질 잎은 잘게 다진다.

2. 팬에 아보카도 오일을 두르고 다진 마늘과 양파를 볶다가 양파가 투명하게 변하면 토마토 펄프를 넣고 끓인다.

3. 생바질을 넣고 섞은 후 소금, 후추로 간한다.

사골 육수 🌡

칼로리	지방	단백질	탄수	식이	200ml
106kcal	9.2g	2.5g	5.4g	0g	기준

| 재료 | 10인분 이상

소 사골 2kg, 소 잡뼈 1kg

사골만 사용한 것보다 저렴한 잡뼈와 섞어 끓이면 국물 맛도 더 좋고 잘 우러나요.

1. 사골과 잡뼈를 찬물에 하룻밤 담가 핏물을 뺀다(중간에 물을 몇 번 갈아주면 좋다).

2. 뼈를 물에서 건져 냄비나 솥에 담고 뼈가 잠길 정도의 찬물을 부어 센 불에 한번 우르르 끓인다.

3. 2의 물을 따라버리고 뼈를 찬물에 한 번 헹군 다음 다시 찬물을 부어 끓인다(냄비나 솥도 한번 헹궈주는 게 좋다).

4. 끓이면서 덜 빠진 핏물이 익어서 떠오르는 핏물 거품은 모두 제거한다. 이후 떠오르는 기름은 걷어내지 않고 졸아드는 물을 보충하면서 한나절 동안 계속 끓인다(사골이 들썩거릴 정도로 센 불에 끓여야 국물이 잘 우러난다).

5. 국물 색이 뽀얗게 되고 한 숟가락 떠먹어보아 고소한 맛이 나면 불을 끈다.

6. 완성된 국물을 반 정도 덜어 먹거나 소분해 얼린 후 다시 찬물을 보충해 뽀얗고 고소한 국물이 나올 때까지 끓인다.

7. 국물이 식으면 소분해 얼린다.

돼지국밥 육수 🌡

칼로리	지방	단백질	탄수	식이	200ml
106kcal	9.2g	2.5g	5.4g	0g	기준

| 재료 | 10인분 이상

돼지 등뼈 2kg, 돼지 사골 2kg, 양파(큰 것) 1개, 대파 1대, 다시마(3x5cm) 3~4장, 통후추 30~40알, 생강(엄지손가락 1/2 크기) 1톨, 대장부 적당량

뼈나 내장 등을 고울 때 특히 초반에는 뚜껑을 열고 끓여야 잡내를 날려버릴 수 있어요.

1. 돼지 등뼈와 돼지 사골은 찬물에 하룻밤 담가 핏물을 뺀다(중간에 물을 몇 번 갈아주면 좋다).

2. 냄비에 핏물을 뺀 뼈를 담고 찬물을 부어 불에 올린다. 팔팔 끓으면 물을 따라버리고 냄비와 뼈들을 깨끗이 씻는다.

3. 다시 냄비에 뼈를 담고 물을 넉넉히 부은 후 양파, 대파, 다시마, 통후추, 생강을 흩어지지 않게 거름망 주머니에 담아 넣는다.

4. 대장부를 두어 바퀴 돌려 넉넉히 부은 후 센 불에서 뚜껑을 열고 팔팔 끓인다.

5. 1시간이 지나면 뚜껑을 반쯤 덮어 중간 불 이상의 불에서 뽀얗고 고소한 국물이 나올 때까지 반나절 이상 끓인다(물이 많이 졸아들면 물을 보충하며 끓인다).

6. 완성된 국물의 반 정도를 덜어 먹거나 소분해 얼린 후 다시 찬물을 가득 부어 뽀얗고 고소한 국물이 나올 때까지 끓인다.

7. 국물이 식으면 소분해 얼린다.

ㄱ~ㅂ

가공 치즈(processed cheese) 두 가지 이상의 자연 치즈를 섞거나 치즈(혹은 유제품 재료)에 향신료나 첨가물 등을 넣어 가공한 치즈.

닭표 칠리 갈릭 소스 포장에 닭 그림이 그려져 있어 흔히 '닭표'라고 부르는 후이 펑 푸드(Huy Fong Foods) 사의 제품 중 하나.

가나슈(ganache) 크림과 섞어 만든 초콜릿, 또는 크림과 초콜릿을 섞어 만든 소스나 아이싱을 부르는 말이다. 가나슈란 '멍청이', '바보'라는 뜻의 프랑스어로, 19세기 프랑스의 어느 과자 공장 견습생이 실수로 초콜릿이 담긴 그릇에 끓는 우유를 쏟았는데, 그 견습생의 멍청한 짓 때문에 개발된 초콜릿이라 하여 가나슈라는 이름이 붙었다고 한다.

과카몰리(guacamole) 멕시코 음식으로, 아보카도와 라임 주스에 칠리와 고춧가루를 혼합시킨 소스다.

그레이비(gravy) 육류를 구울 때 생기는 육즙에 양념을 더해 걸쭉하게 만든 소스.

대장부 시판 소주의 한 종류로 다른 제품과 달리 증류식 소주라 당류가 적어 단맛이 나는 맛술 대신 사용한다.

드라이 럽(dry rub) 말린 향신료, 소금 등과 같은 마른 재료를 섞어 만든 럽. 럽(rub)은 문지르다, 비비다의 뜻으로 바비큐를 할 때 고기에 바르는 양념을 말한다.

라드(lard) 돼지의 지방 조직에서 나온 흰색의 반고체를 정제한 기름.

라타투이(ratatouille) 프랑스 프로방스 지역에서 유래한 채소 스튜 요리로 토마토, 쥬키니, 양파, 피망 등 여름 채소가 주로 사용된다.

리퀴드 아미노스(liquid aminos) 밀 없이 콩으로만 발효시켜 만든 간장으로 진간장 대용으로 사용한다. 리퀴드 아미노스가 없다면 시판 진간장으로 대체해도 된다.

마스카르포네(mascarpone) 치즈 이탈리아산 치즈로, 우유에서 분리한 크림으로 만들기 때문에 지방 함량이 매우 높고 다른 치즈와는 달리 짠맛이 없고 은은한 단맛이 난다.

미몰레트(mimolette) 치즈 프랑스에서 만든 치즈로 공 모양에 주황색을 띤다. 이름은 중간 정도의 연함을 뜻하는 프랑스어 'mi-mou'에서 유래했다. '불 드 릴(boule de Lille)'이라고도 불리는데, 이는 '릴 지방의 공'이란 뜻으로 미몰레트 치즈를 릴(Lille) 지방에서 숙성시킨 것에 기인한 것이다. 또한 네덜란드의 에담 치즈와 비슷해서 '프렌치 에담(French Edam)'이라고도 불린다.

번(bun) 밀가루를 주재료로 이스트를 발효해 만든 빵.

볼로네제(bolognese) 소스 다진 고기, 토마토, 와인을 오랫동안 천천히 끓여 크림이나 우유를 넣고 만든 붉은색의 걸쭉한 파스타 소스.

부라타(burrata) 치즈 소의 젖이나 버팔로 젖으로 만든 이탈리아 치즈 중 하나. 치즈 외피는 내부에 비해 상대적으로 단단하지만 내부는 모차렐라와 크림의 특성이 함께 나타나 부드러운 맛이 난다. 부라타는 이탈리아어로 '버터를 바른'이란 뜻이다.

브리(brie) 치즈 견과류와 과일 향이 풍부하고 크림처럼 부드러운 프랑스 치즈로, 일 드 프랑스(Ill-de-france) 지방의 브리 마을에서 소젖을 이용해 만든다.

비니그레트(vinaigrette) 오일과 식초에 소금을 섞어 만들며 향신료가 들어가기도 한다. 비니거 드레싱(vinegar dressing)이라고 부르기도 한다.

ㅅ~ㅇ

샤크슈카(sahkshouka) 이스라엘을 비롯한 중동 지역, 튀니지, 이집트 등에서 즐겨 먹는 대표적인 아침 메뉴다. 토마토, 고추, 양파로 만든 소스에 달걀을 조리며 파, 감자, 소시지, 커넬 콘 등이 들어간다. 전통적으로 무쇠 팬 또는 타진에 담아 곁들여 먹을 빵과 함께 제공된다.

샤프란(saffron) 샤프란 크로커스 꽃의 암술대만 건조시켜 만든 향신료. 독특한 향이 있으며 샤프란 자체는 붉은색이지만 음식에 넣으면 노란색이 우러나온다.

슈레드(shred) 채를 썰거나 작은 조각으로 자른 것.

스리라차(sriracha) 소스 칠리소스의 한 종류. 태국 동부의 해안 도시 시라차에서 유래한 소스로 현지 주민들이 먹는 해물 요리에 사용한 것이 시초였으며, 미국의 후이 펑 푸드(Huy Fong Foods) 사에서 닭표 스리라차 소스를 만든 이후 세계적으로 유명해졌다.

스위스(Swiss) 치즈 구멍이 뚫린 연한 노란빛의 딱딱한 치즈로 스위스 에멘탈 치즈를 일컫는다. 구멍이 없는 치즈는 '블라인드 치즈'라고 한다.

아라비아타(arrabbiata) 소스 마늘, 토마토, 고추 등을 올리브 오일에 조리하여 만드는 매운 소스이다. 아라비아타는 이탈리아어로 '화난'이란 뜻이며 고추를 넣어 많이 맵기 때문에 이런 이름이 붙었다.

에리스리톨(erythritol) 감미도가 설탕의 70~80% 정도이며 체내에 거의 흡수되지 않고 배출되므로 저칼로리 감미료로 사용된다.

ㅊ~ㅎ

차전자(psyllium)피 질경이 씨앗의 껍질을 말하며, 수분과 만나면 불어나 걸쭉한 질감을 만든다.

차지키(tzatziki) 요구르트에 오이와 마늘·허브·식초 등을 넣어 만든 그리스 전통 요리로, 애피타이저나 소스로 사용된다.

차퍼(food chopper) 채소나 고기를 다지는 용도의 조리 기구.

총알 오징어 몸길이 10cm 정도의 소형 오징어.

치차론(chicharron) 스페인어로 돼지비계를 의미하며 여기서는 과자처럼 바삭하게 튀긴 돼지껍데기를 말한다.

캐닝(canning) 식품 저장법의 하나로 유리병이나 캔에 식품을 채우고 열처리해 살균과 동시에 밀봉을 하는 방식이다. 가열 살균을 하고 외부로부터 미생물이 침입할 수 없기 때문에 식품의 장기 저장이 가능하다.

하프 셸(half shell) 굴 껍데기를 한쪽만 떼어낸 굴.

코코뱅(coq au vin) 프랑스 부르고뉴 지방에서 생산되는 레드 와인에 닭과 채소를 넣고 푹 고아 만든 스튜.

콩포트(compote) 과일을 설탕에 조려 만든 유럽식 디저트.

키토식(keto) 키토제닉(ketogenic) 다이어트를 말하는 것으로, 탄수화물 섭취를 낮추고 많은 양의 지방과 적당한 양의 단백질을 섭취하는 저탄수화물 고지방(저탄고지)의 다이어트 식단이다.

토마토 펄프(tomato pulp) 잘 익은 토마토를 으깨어 껍질, 씨 등을 없앤 과육이나 액즙.

파니니(panini) : 빵 사이에 치즈, 채소, 햄 등의 재료를 간단하게 넣어 만든 이탈리아식 샌드위치다.

펌프킨 파이 스파이스(pumpkin pie spice) 시나몬, 생강가루, 넛맥(nutmeg, 육두구), 클로브(clove, 정향)를 섞어 만든다. 시판 제품을 써도 되지만 위 향신료를 모두 가지고 있다면 4 : 1 : 1 : 0.5 비율로 섞어 직접 만들어도 된다.

페코리노 로마노(pecorino romano) 양젖으로 만들며 고대 로마시대부터 즐겨오 먹은 역사가 오래된 이탈리아 경성 치즈 중 하나이다.

풀드 포크(pulled pork) 손으로 쉽게 뜯어질 정도로 연해질 때까지 장시간 서서히 구운 돼지고기.

프로볼로네(provolone) 치즈 이탈리아 남부의 바실리카타 주가 원산지로, 소금물에 담근 모차렐라 치즈를 꺼내서 물기를 닦아낸 다음 온도와 습도가 잘 조절되는 공간에 두면 다른 종류의 치즈가 되는데, 이것이 바로 프로볼로네 치즈다.

프리타타(frittata) '튀기다'를 뜻하는 이탈리아어 '프리게레(friggere)'에서 유래한 것으로, 달걀에 갖은 재료를 첨가하여 튀기듯이 조리하여 만든 이탈리아식 오믈렛이다.

피클링 스파이스(pickling spice) 피클 같은 절이는 식품을 만들 때 쓰는 혼합 향신료로 시판되는 피클링 스파이스에는 겨자 씨앗, 코리엔더 씨앗, 딜 씨앗. 후추, 계피 등이 들어 있다.

해시(hash) 고기와 채소류 등을 잘게 썰어 함께 요리한 것. 보통은 튀기듯 구워 만든다.

레시피명으로 찾아보기

진주의 HAPPY 키토 키친

초판 1쇄 발행   2019년 2월 19일
초판 10쇄 발행   2020년 1월 20일

지은이 진주 ┃ **펴낸이** 이수정 ┃ **펴낸곳** 북드림
교정교열 신정진 ┃ **마케팅** 이운섭

등록 제2020-000127호
주소 주소 서울시 송파구 오금로 58, 916호(신천동, 잠실 아이스페이스)
전화 02-463-6613   **팩스** 070-5110-1274

도서 문의 및 출간 제안 suzie30@hanmail.net
ISBN 979-11-965566-1-7 (13590)

※이 책은 저작권법에 의해 보호를 받는 저작물이므로 무단 전재와 무단 복제를 금합니다.

※책 값은 뒤표지에 표시되어 있습니다. 잘못된 책은 구입처에서 교환해 드립니다.

이 도서의 국립중앙도서관 출판예정도서목록(CIP)은 서지정보유통지원시스템 홈페이지
(http://seoji.nl.go.kr)와 국가자료종합목록시스템(http://www.nl.go.kr/kolisnet)에서
이용하실 수 있습니다. (CIP제어번호 : CIP2018040137)